路上のポルトレ——憶《おも》いだす人びと

Recollective Portraits with the People I Met
MORI Mayumi
Hatori Press, Inc., 2020 ISBN 978-4-904702-83-3

路上のポルトレ——憶いだす人びと

森まゆみ

羽鳥書店

はじめに

子供の頃、何かで読んだのだが、ミシンの発明者は、先っぽに穴のあいた槍を持った先住民に追いかけられる夢を見て、縫うための構造を思いついたのだという。これはミシンメーカーの祖シンガーのことだと思い込んでいたが、調べてみると同じアメリカ人でもエリアス・ハウという人のようだ。記憶はあてにならない。

私も時おりすばらしい夢を見て、目が覚めて数秒は覚えているのだけれど、メモしようと思っているうちはかなく消えてしまう。それどころか、十数年前、目や脳髄などに多いメラニンを破壊する原田氏病という病気にかかって以来、うつつのことすら忘れるのがはやい。こぼれ落ちる記憶をたなごころですくい、そっと温めるように書いておくことはできないか。

何年か前、『小説すばる』という雑誌に今まで出会った不思議な人、忘れ得ぬ人のことを一年半書かせていただいた。私としてはいつものエッセイよりも、掌編小説に近いものを目指したのだが、うまくいったかは心もとない。

それにあちこちから頼まれた追悼文、さらにどうしても忘れたくない人のことを書き下ろしで加え、この本は成った。最後の原田永之助先生にわたしはお目にかかっていないが、わたしの自己免疫疾患原田氏病を発見してくれた医学者として特別な縁を感じた。そのルーツを訪ねて天草まで旅したことも、大事な記憶なのであえて収録した。

私はいま還暦を五年ばかり過ぎたところだ。こういう本をまとめるのはおこがましい気もするが、今しかない気もする。

私もいつ空の向こうに飛び立つかわからないし、あと十年もしたらそもそもここに書いてあることも忘れてしまう気がするから。

著者

目次

Ⅱ　町で出会った人

Ⅲ　陰になり　ひなたになり

Ⅳ　出会うことの幸福

I　こぼれ落ちる記憶

もう一人のモリマユミ　——西井一夫

ある雨の朝、パソコンを起動すると知らない人から依頼のメールが来ていた。写真家で、自分の写真集をまとめるので、ついてはあなたが以前、わたしの写真について書いてくれた評を収録したいというのであった。わたしはその人の名前にも、前に出された写真集にも記憶はなかった。でも、どんどん忘れてゆくわたしのことだから、何か書いたのかもしれないし、お手数ですがその批評の本文を送っていただけますか、と返信した。

メールで送られてきた文章にもやはり記憶がなかった。そもそも文体が違うように思う。わたしのではない。グラフィックの批評はめったにしないし。

あ、と思いついた。それは『カメラ毎日』に載ったものではありませんか？

そうです。やっぱりご存知でしたか？　そう返信メールがきた。

いいえ、書いたのはわたしではないけれど。編集長は西井一夫さんでしょう。わたしは彼を知っていますが、こんなことをいわれたことがあります。「森さんちに電話するときはどきどきする。同じ名前の人を知っていたので」と。もしかしたら、そのかたに西井さんが評を頼んだのではありませんか？

わたしと同名の人が、西井さんとどのようなお付き合いだったのかはわからない。同姓同名と言っても字まで同じかはわからない。真弓とか真由美さんもいる。インターネットで検索すると、プロゴルファー、医学者、パン研究家、占星術師など別の「森まゆみ」さんがヒットする。よくある名前なのだ。その写真家からは不思議なことがあるものですね、というメールのあと、連絡が途絶えた。

それから西井さんのことを何となく憶い出していた。亡くなった人だ。初めて会ったのは団子坂下のレンガ造りの喫茶店、千鳥格子のウールのジャケットで濃いフレームの眼鏡をかけ、小柄だがエネルギッシュで、息せき切ってしゃべるのは、むしろ内気を隠すためのように見えた。わたしよりは十歳くらい上だろうか、すぐれたジャーナリストであった彼は編集長だった『カメラ毎日』が一九八五年に終刊になってから、写真と記事を組み合わせた膨大な『昭和史全記録』や『戦後50年』『20世紀の記憶』を毎日新聞社で編集した。

クロニクル編集部というあわただしい職場で彼は長をつとめていた。その意気込みたるやものすごかったが、執筆者にも同じように情熱を強要し、たくさん仕事をしても原稿料がなかなか、しかも約束より少ししか振り込まれなかったりした。スタッフでも体を壊す人が出た。
わたしもある大正時代の女性アナーキストについて聞き書きを連載したが、A4判にびっしり組まれた記事を、いまではとうてい老眼鏡なしには読めない。こんなに量を盛り込んで、こんなに厚くずっしりした本を、こんなに安く売る必要があるのか、と当時から思っていた。もちろん批評家でもある西井さん自身、驚くべき長さの編集後記を書いた。

わたしは東京の東の方で地域雑誌『谷中・根津・千駄木』を女三人で編集していたが、ある年の暮れ、気晴らしに今年はカラオケで紅白歌合戦をしようということになった。紅組の女はわれわれスタッフですでに三人いる。白組は仕事仲間の西井さん、写真家の丹野章さん、写真にも詳しい評論家の松山巖さんが来てくれることになった。この三人は旧知の仲良しである。いや、そうであるはずだった。

しかしその日、松山さんはこのところの西井さんの言動に気にくわなかったことがあるうえに、久しぶりに会った西井さんのいうことがいちいち気に障るらしく、彼らしい無邪気な意地悪をやった。西井さんの持ち歌をすべて先に歌ってしまうのである。八代亜紀の『おんな港町』とか、都はるみの『涙の連絡船』とか。わたしたちの世代からすればややうっとうしい情念の世界である。最後は寝転がって歌ったりした。

いっぽう十八番を取られた西井さんの機嫌はみるみる悪くなり、やがて「外へ出ろ。今日はぜったい許さない」。対する松山さん、「西井、お前はなんて馬鹿なやつなんだ」と師走の谷中よみせ通りで殴り合いになった。忘年会はむちゃくちゃ、わたしはおろおろしたが、うちのスタッフは「こんなの、ひさしぶりだね」と白い息を吐きながら目を輝かせて観戦し、ひとり気のいい写真家の丹野さんは酔っぱらって路上で踊っていた。

西井さんの体調が悪いと聞いたのはそれからそうたたない日であった。最後は奈良の山奥へおもむき、そのときのことは河瀬直美さんが映像『追憶のダンス』に残してくれたそうだが、NHKの衛星放送で一回だけ放映されたそれを見ていない。怖くて見られなかったのである。河瀬監督に撮られるとはまた、西井さん、最後までダンディね。

メンドクサイが憎めない人だった。論争を好み、ときにあらっぽくひとを攻撃したが、写真に対する情熱はいついかなるときでも疑い得なかった。「モリさん、起きてる？　いまゴールデン街なんだけど飲みに来ない？」。深夜の電話の声が耳からはなれない。迷惑だったが懐かしい。電話をかけるとき、彼はもう一人のモリマユミさんを思い、どきどきしていたのだろうか。そしてあのメールをくれた写真家は、もう一人のモリマユミさんと連絡が取れたのだろうか。

朝の電話　――藤田省三ほか

言葉がのどもとまで来ていて出てこない。いいことをおもいついてもメモをしておかないとすぐ忘れてしまう。ああ、あの人は友達です、なんていってから本人の名前が出てこないのははずかしい。目の前の知人の名すら思い出せない。そんなとき、仏文学者・故桑原武夫さんだったか、「君なんていう名前や」と聞く。本人が山田です、と答えると、「そうやない、下の名前や」というのだという。これだと少なくとも名字は忘れていないことになる。

そういえば西井一夫さんから頼まれた座談会で藤田省三さんに会ったことがある。丸山眞男門下の政治学者で、法政大学教授を学園闘争の頃、いったんおやめになったはずだ。わたしは政治学徒として、脱藩して横行した志士たちを描いた『維新の精神』やロシア革命とレーニンを扱った『現代史断章』には大きな影響を受けていた。

お会いするずっと前、藤田さんが作家の徐京植《ソ・キョンシク》さんとの対談で「森まゆみみたいに一度もマルクス主義を経過しないものには分かるはずがない」というようなことを発言されたことがあり、ちょっと心外であった。そのあと逆に、ちいさな非営利組織が社会にどう貢献できるかという事を書いたわたしの文章を、新聞で過分に誉めていただきもした。

さげたりあげたり、ジェットコースターみたい、とおもっていたころ、朝、電話をいただいた。「現場をもっているのだから、ちゃんと勉強をすればあなたはユニークな経済学者にもなれるし、社会学者にもなれるよ」「カール・ポランニーを読みなさい」などとおっしゃった。しかしいまもってちゃんと「勉強」をしていないので、これは実現しない予言になった。

一度だけお会いしたとき、やはり仰ぎ見る思想家であったから、座談会なのに緊張してほとんど発言ができなかった。というより同席した、滔々《とうとう》と理論的に話しつづける徐京植さんに圧倒されて、口を差し挟む隙がなかったといった方がいい。対談はまだしも、鼎談やそれ以上の人数による座談会はどうも苦手である。

二、三日して「あんがいおとなしい人なんだね」と電話をいただいた。自著をお送りしたらまた電話がきて「あなたと話していると痛みがまぎれる」とおっしゃった。だからわたしはじっと受話器を握りしめて聞いていたが、そのころ藤田さんは直腸がんを患っていらしたのだった。

「昔、谷中の寺の奥に下宿していたことがあってね」と藤田さんの声が懐かしそうになった。「その下宿のおばさんに惚れたことがあった」。そんな昔語りはもう時効だとおもう。聞きながら、わたしは根津に下宿して「おばさん」を讃仰する詩や油絵をかいた村山槐多《かいた》を思い出していた。「そのお話、そのうち『谷根千』に書いてください」と言ったのに、これも実現はしなかった。

かつて谷中や根津、千駄木に下宿していた、という方は多い。東京大学や東京藝術大学の学生だった方には縁の深い町だ。京都にいらっしゃる鶴見俊輔さんからも「一九六〇年頃、谷中に下宿して一年ばかりいたことがある。四畳半の下宿に閉じこもってね。だれとも会いたくなかった。初音湯ッて銭湯に通ったな」とお聞きした。長い歴史を持つ初音湯は昨年（二〇一〇年）の十一月に閉まったので、いま思いだした。

おそらく鶴見さんが谷中におられたのは六〇年安保阻止闘争と関係があるのだと思い、「それ『谷根千』に書いてください」とは言いかねた。でも鶴見さんはそのことをのちに聞き書きの本で話しておられたから、ここに記してもいいだろう。

ちょうど駒込蓬萊町《ほうらいちょう》の寺の境内の家にいたころだ。朝になると電話がよくきた。わたしは『谷根千』をはじめて十年目くらい、離婚して子供を三人養うために朝まで原稿を書いていた頃で、徹夜明けにやっと蒲団で横になったと思うと電話が鳴る。

「谷中の岡本ですが」というのは新内の文弥師匠。大正時代はアナキストで編集者であった。箱屋の峰吉殺しで毒婦といわれた花井お梅の本物も見たことがある。大杉栄や和田久太郎もごぞんじだった。「おついでがあったら家にお寄りください。まゆみさんに進呈したい物があるので」。江戸っ子なのにもかかわらず、明治生まれの書生ぽい漢語の多い話し方をした。

いっぽう「日暮里の吉村ですが」というのは、作家吉村昭さんの長兄、吉村武夫さん。花嫁わた会長であり、郷土史家で日暮里辺りのことにとてもお詳しかった。何か伝えておかなければ、ということがあると電話がかかってくるのだった。

コラムニスト山本夏彦さんが電話をかけてくださったのはその昔、父上、山本露葉と根岸で暮らしておられたからだろう。一度、銀座の薄暗いバーでご馳走していただいた時、「そういえば亀田鵬斎《かめだぼうさい》も酒井抱一《さかいほういつ》も根岸にいましたね」というと、ふぉふぉっと笑って「あなたは江戸から出てきた亡霊かね」とかすかにくぐもった声でいわれた。山本さんはいつも零細企業の立場から社会を見、編集する雑誌『室内』で、私たちフリーの執筆者には法外な原稿料を払ってくださった。

「上野桜木ってあるでしょう。あのへんに画材屋があって、そこで僕は辻潤を見かけたことがある。笠をかぶって尺八を吹いていたな」。いつの話か聞きもらした。ダダイスト辻潤は戦争に協力せず、昭和十九年にアパートで餓死したはずである。夏彦さんは、父の死後、父の友人であった武林《たけばやし》無想庵《むそうあん》に連れられて渡仏、辻潤と伊藤野枝の息子辻まことと、武林無想庵と中平文子の娘イヴォンヌと少年少女の友達であった。それが三角関係になり、イヴォンヌとまことが結婚したものの破綻したいきさつは、名著『無想庵物語』にせつなく描かれている。

こんなふうにぼんやりしていると次々に記憶がたぐり寄せられる。早朝、電話をくださった方々はみな雲のかなたである。いまならわたしも年を経てうんと早起きなのに、あのころ夜遅くまで仕事をし、眠気に襲われた頭で聞いたことは、なにもかも霞がかかったようではっきりしない。

アメリカのセイゴさん

毎月、仙台文学館で講座を持っている。新幹線で仙台へ昼少し前について、駅の三階の立ち食い寿司を食べるのが楽しみだ。タン焼きの店はいつも長い列が出来ている。寿司やも混み合っているので端の方に斜めに立つ。

魚を少し握ってもらって、ちょっと舌が甘い物を欲したので玉子を一貫たのんだ。それから貝を二、三つまんで、あれ、玉子はもうきたのかな、と思った。よく考えると五分前に玉子はたしかにわたしの舌からのどにすべっていったのだが、そんなことすら忘れてしまう。

店を出て頭のレッスンだからと、駅前のベンチに座って食べたネタを書き出してみた。マグロのホホ、マグロの頭肉、牡蠣、白子、イワシ、さより、玉子、ホッキ、赤貝のヒモ、ホタテの炙《あぶ》り、レシートを数えると十三なのに、どうしても一つ思い出せず愕然とした。一週間たったいまとなると、このように十しか思い出せない。

ちょうど『鷗外の坂』という本を出したころの話。まだ一九九七年頃は本が売れた。一週間に一度くらい、編集者の木村由花さんがうれしそうに増刷の電話をかけて来、たくさんの書評にも恵まれた。

あるとき本を読んだといってセイゴさんという男の人から電話があった。若々しい声の方であった。「鷗外が好きで、三十年前、アメリカに渡る時は鷗外全集と荷風全集だけを持っていきました。あなたの本に大変感動したので、帰国前にぜひお会いしたい」というのである。読者から手紙をいただくことはあるし、なかには会いたいという方もあるが、読者とはあまり距離を縮めない方がよい。私的な交際より、つぎにまた面白い本を書くことの方を大事にしてきた。

しかしその時は帰国前に、の一言に揺れた。ずいぶん彼の地で長く苦労もされたに違いない。故国のいい思い出を持って帰っていただきたい。ストレートな物言いもいっそさわやかであった。

「これだけ資料にあたり、インタビューもしたら大変な時間がかかったでしょう。あなたみたいな書き手をアメリカでは大学や企業が応援するものなのですが。いや、つぎにもこれくらいの物を書いてくださるなら、一、二年分の生活費くらい僕が出してもよいのですが」

そんなことをお受けするわけにはいかない、と丁重にお断りした。すると「この本への感謝として百万円くらいはさしあげたい」とおっしゃるのである。

もともと本郷の生まれであり、親戚の家へちょうど行くのでというその人と、団子坂上の喫茶店で待ち合わせた。還暦を過ぎたというその人は髪を短く切って、トレンチコートを欧米人のように着こなして、声よりも若々しく、すてきだった。わたしは何冊かの別の著書をお土産に差し出し、いろんな話をした。その人も話した。

永井荷風全集を持って行ったのは、下町で大きな鉄工所をはじめた祖父が荷風の友人だったからです。家は本郷にあり、国立の付属へ行かされたが、おぼっちゃんばかりのなかでは鍛えられないと思って都立高校へ進学し、東京大学を大学院まですすみ金属の勉強をしたこと。父の鉄工所をそのまま継ぐのは面白くない、自分の力を試してみたいと徒手空拳、いや全集二つを抱えてアメリカに渡り、中西部の大都市でオイルのパイプの継ぎ手のメーカーを作り、いまでは千人くらいの会社になったこと。

なんかアメリカンドリームそのもののような話であった。「あちらにご家庭はあるのですか」とわたしは気軽に聞いた。その人はちょっと顔を曇らせて言った。「昔、好きな人がいて忘れることができません。その女性は人の奥さんで、しかも病気で死んでしまいました。だからずっと一人です」。

また晴れやかな顔に戻り、「僕は水泳が得意なんです。出来たら太平洋を泳いで渡りたいぐらいだ。前に帰る時に一人でヨットで海を渡ったことがあります。することがないんだから毎日本を読んでいましたが、それすらしたくなくなる。尾籠《びろう》なはなしですが毎朝、気持ちのよい便がするりと出て、なんだか体が透明になっていくんです。千葉に着くつもりが流されて神奈川の方に着いて、無線で連絡を取ったんですが、海上保安庁にこっぴどく叱られました」。

話の種は尽きなかった。立ち上がる時に「これ、お約束のものです。ポケットマネーだから受け取りはいりません」と無造作に紙袋をくれた。わたし自身はいただけないので、地域雑誌の編集に使わせていただきます、と押しいただいた。あとであけてみると帯封したピン札が百枚入っていて、そんな大金を持ったこともないわたしは、こわくてすぐ仲間に預けてしまった。

それ一回きりのことである。それから「もらった本には子供の頃、徘徊した町が出てきてどれも懐かしかった」と国際電話がきた。「そのうちおいしいオレンジを送ります」。しばらくして、大きな箱いっぱい、色つやのいいオレンジが届いた。わたしはアメリカの砂漠の真ん中で暮らしている人のことを思った。それとみずみずしいオレンジがどうも結びつかなかった。

何年かののち、セイゴさんが亡くなった、と風の便りに聞いた。それは雑誌『谷根千』を親戚の方に定期で送るよう、彼が何年分かを払っていってくださったので、その親戚の方から連絡があったのである。病気になるにはあまりに健康だったはずだし、この世でやることが全部なくなってしまい、空の向うに引っ越したのかもしれない、とおもった。会社をそろそろ誰かにゆずろうと思って、といってらしたから。

きのう、アイスランドの国家が破綻し、銀行は放漫経営でふつうの人々の貯金がパーになってしまうドキュメンタリーを見た。そのときふと、彼のことを思い出した。

「日本に来て探しても年収十万ドルでうちの会社に来てほしいという人材はまずいませんね。それに日本の土地代をドルに換算するとアメリカ全土が買えるなんて浮かれていたが、いずれ日本のお札が紙くずになる日が来る。銀行を信用しないことです。自分の手で生み出したものだけが本物です。あなたの著書のように。いい本を書き続けてください」

それはまさにバブルのはじけた頃のことであった。

羽黒洞のおやじさん ——木村東介

この前、湯島切り通しの居酒屋シンスケに久しぶりに行ってみた。

そして坂の反対側、岩崎邸の一角がなぜか民間の手に渡ってかなり昔にマンション、湯島ハイタウンができたとき、その一階に羽黒洞という美術商が入った。そのことをおもいだした。

四半世紀前、わたしはできたばかりの地域雑誌『谷根千』をおいてもらえる店を探して、この羽黒洞の扉を叩いたのだった。表におもしろい大きな写真が飾ってあった。それはオランダ人フルベッキを中心に勝海舟、坂本龍馬、伊藤博文、陸奥宗光、大隈重信、西郷隆盛から岩倉具視まで、四十数人の幕末の英傑が集合したと言われる写真であった。

どうぞこちらへ、と言われて応接室に請じ入れられると白髪が少し残った、眼鏡をかけた小柄な、しかし精悍な男の人がでてきた。片方の袖の中がからだった。名刺を渡し、雑誌を見せると、眼光炯々《けいけい》わたしの顔を穴があくほど見つめ、「あんたは元帥と呼ばれた男を知っているか」と聞いた。応えられないでいると「外務大臣木村武雄。あれはオレの弟だ」ときた。

何か気に入られたのだろう。それからえんえん話はつづいた。「雲井龍雄、うん、あの漢詩はすばらしい。自由民権の志士たちは彼の漢詩を吟じたものだ」「宮島詠士の書はすごい」「近代の油絵でいうと長谷川利行を超えるものはまずなかろう」「戦後でいうと瞽女《ごぜ》を描いた斎藤真一がいいと思う。『吉原炎上』をあんたは見たかね」。

三時間もいたろうか、わたしはふらふらになった。聞いた話は二十代のわたしの知識を超え、脳の容量を超えていた。立ち上がろうとすると「うちの湯島の店にジョン・レノンがヨーコと来たよ。彼は眼がいいね。オレの秘蔵の曾我《そが》蕭白《しょうはく》を見つけて、いくらだ？というから四十五万だといった。オーケー、それで終わりさ」。まるでレノンが親友のように言って煙に巻くのである。レノンを歌舞伎に連れて行って『隅田川』を見せたら滂沱《ぼうだ》の涙を流したとも。

帰るとき、奥にいた女性客が先に出た。画廊の人が「あれが火宅の人ですよ」とささやいた。そのころ話題になっていた檀一雄の私小説『火宅の人』。主人公に家を放擲させた女優の入江杏子だというのであった。あでやかな人だった。

それから羽黒洞主人、木村東介氏の随筆など古本屋で探して読みふけった。人名事典によれば、明治三十四（一九〇一）年四月八日米沢生まれ。三歳で母と生別、壮士上がりの県会議員だった父の反骨を受け継ぎ、喧嘩で米沢商業中退。三木武吉の憲政公論社に入り侠客・右翼に加わり、大洋拳闘クラブを経営。中野正剛の東方会院外団などを経て、乱闘で片手を斬られ、逮捕歴六回――。

うわ、強そうだ。とするとあの無い腕は、乱闘によるものか。あのとき木村さんは八十五歳だったことになる。

「昭和十一年、法廷で更生を誓って美術店羽黒洞を開設。柳宗悦、石黒敬七、勅使河原蒼風等の影響を受け『奥州げてもの』と称する民芸品を中心に書画骨董を扱う。さらに放浪の作家長谷川利行《としゆき》の遺作に傾倒し、昭和十八年日本橋髙島屋で最初の回顧展を開く――」

米沢出身だから出羽三山から屋号を取ったのだろう。最初の羽黒洞のあった場所にはいまも古い木造三階建てが残っている。長谷川利行は大正から昭和にかけて浅草や谷中や日暮里を徘徊した画家で、酒浸りで、さいごは板橋の養育院で行路病者としてなくなる。湯島に住む源氏物語の訳者エドワード・サイデンステッカー氏は長谷川利行展をぜひパリでやりなさい、と木村に言ったそうだ。

戦後は疎開から帰ると、極東軍事裁判を避けて潜行中の陸軍参謀辻政信を吉川英治に紹介したそうで、これは辻を評価しないわたしには納得できない。辻はビルマ戦線に将兵を置き去りにして自分は僧侶に変装して潜伏、戦後、国会議員に返り咲いた男だ。そしていつかラオスの闇に消えていったのだった。

「近年は民衆芸術の粋としての浮世絵肉筆の収集と顕彰につとめ、大陸浪人宮島詠士の書を賞賛。かたわら中村正義、大島哲以《てつい》、斎藤真一ら異色画家を後援し芸術院や日展等の腐敗を攻撃している」と事典の最後にあった。

木村東介は『女坂界隈』『不忍界隈』『上野界隈』『湯島界隈』『池の端界隈』『切通し界隈』とエッセイを書き、我が人生を語った。彼は故郷からの汽車が着く上野界隈をこよなく愛する郷土史家だった。それで同じことを始めようとする若かったわたしに何かを伝えようと、あんなに語り続けたのではなかったか。

あれは一九八五年のことと思う。というのは羽黒洞で見せられたフルベッキを中心に写した英雄豪傑写真が世を騒がしたのも同じ一九八五年、自民党副総裁二階堂進が議場に持ち込んだりしたためだ。ときたま世を騒がすこの写真は長崎の佐賀藩校で写されたもので、英雄集合は眉唾だが、フルベッキと佐賀藩士が写っており、その中の何人かはたしかに「維新の英傑」であった。

佐賀藩は幕府から長崎の警護を命じられ、財政逼迫したので、倒幕派になったという。それにしても羽黒洞のおやじさん、引力の強い野人であったなあ。

ひらひらした指

タケカワさんからカニが届いたよ、と娘が言った。それでいそいそと包装を破り、さっそくおいしい花咲ガニにむしゃぶりついた。送ってくださったのはこの前、札幌によんでくれた女性だとおもい込み、ホリカワさんにお礼のメールをした。数日後、カニを送ったのは私ではありません、でも森さんがそんなにカニが好きならこんどは毛ガニを送ります、とホリカワさんからメールがあった。

そうだ、タケカワさんは十年まえに釧路によんでくれた人だと、やっと思い出して電話をして、あれからの積もる話をしてしまった。また数日後、こんどはホリカワさんから毛ガニが届いて、なんだか催促したみたい。でもこれこそ「毛ガニの功名」だわ、とまたうれしく食べてしまった。こんなふうに毎日、能天気な記憶違いがつづいていく。

たまたま九州に行ったらば、本当に昔のことを思い出した。

あれはわたしが溜池近くの出版社に勤めていた頃だ。交差点のかどにバンク・ド・ランシーヌ・エ・スエズというフランス植民地の出先みたいな名前の銀行があって、高校時代の友人が勤めていた。

そのころわたしのひげづらの恋人は学生運動で留年し、まったく語学の勉強もしなかったので、あとひとつフランス語の単位を落とすと、またしても留年しそうであった。そこでその銀行の友だちに彼のテキストの和訳を頼んだのである。それを暗記するしかないと。気のいい友だちはテキストを半分に割いて、銀行の同僚にも頼んでくれた。昼休みに銀行にいくと、閑な銀行だからいいけれど、二人の女性が窓口に座りながら、上司を背に、必死に仏文和訳に精を出していたので冷や汗をかいた。おかげで彼は五年半でどうやら卒業が可能になった。

友だちの同僚はパリ大学を出た人であった。そのパリ時代の友だちの別の女性が、これまた溜池近くの特許事務所でフランス語を使った仕事をしていた。銀行の昼休みは定時だったが、特許事務所の彼女は自由がきくらしく、溜池近くのフランス料理屋によく遅いランチをとりにきていた。もうないだろう、国会が近いので社会党の土井たか子さんもしばしば見えるというおいしい店だった。

わたしも編集作業で昼休みが遅くなりがちで、その店で会う特許事務所の女性と仲良くなった。その人は小柄で、ふくよかだったが、声がハスキーで、身振り手振りが外国仕込みなのか、なんともチャーミングなのである。いつも仕立てのよい服を着て、イヤリングやブレスレットもさりげないながら良いものを身につけていた。そのうち夏に伊豆の別荘に遊びにこない、ということになり、銀行の友人たちも誘って出かけた。

知らなかったけれど、彼女は九州雄藩の大大名の直系なのであった。その別荘というのは広大で、部屋ごとに電話がついており、内線の所に「四位さま」とか書いてあるのは昔の位のようだった。そこには彼女の華やかな従姉妹たちも来ていて、使用人をオカモトとかナガシマとか呼び捨てにするのでびっくりしてしまった。そうすると彼らは「はい、お嬢様」と言って何でもしてくれる。海水浴に行く時はパラソルを持って付いてくる。昼になるとバスケットに入れたおむすびや唐揚げも届けてくれる。そのおむすびに肉そぼろが入っていたりして大変に美味であった。

雨が降れば「お嬢様方、そろそろお引き上げを」と迎えに来、皆は別荘内にあるプールに移って泳いだり、温泉旅館の大浴場ほども広い内湯で遊んだりした。裸であることを気にせず、無邪気に戯れる娘たちはまるでニンフ（水の精）のようであった。今思うと、海辺に人影はなく、プライベートビーチではなかったかとおもう。そこで皇室や旧華族の内輪話も聞いて、十五坪の長屋に育ったわたしには驚くことばかりだった。

爵位を持っていた人の子孫を調べてみると、維新後の運命はさまざまである。旧主人につくすよい執事、よい相談人を持った華族は財産の保全に成功したが、執事が無能であったり、悪いやつだったりして、主家の財産を持ってとんずらしたり、雲散霧消させた例もある。うちの近くでは六畳のアパートで焼死した元お姫様もいた。

その点、この家は賢明な一族で、そのころでもなお東京の都心に広大な土地を持ち、幾つもの別荘も保持していて、わたしはたまたまその恩恵に浴したわけである。

おばあさま、という方がたいへんに威厳があった。白髪はきれいな薄紫に染め、眉を長く引き、細い指に緑のマニキュアをして、ひらひらと優雅に動かすさまは孫の友人に似ていた。それは実に雄弁な指だった。イタリアの映画に出てくる貴婦人を思い出したりしたのだが、明治天皇の孫に当たる方だと聞いた。そのおばあさまはわたしたちにちゃんと湯代として一泊二千円だかの使用料を請求なさった。なるほどな、これだけしっかりしていないと財産は守れない。

二年ほどしてわたしはその会社をやめ、伊豆の別荘に厄介になったのも二夏であったが、あの波乗りに興じた静かで美しい夏を、今もときどき思い出す。下田まで氷を食べにいって、友人の広くあいたブラウスの胸の上を巨大なゴキブリが這ったことも。わたしが瞼を蚊に刺されてお岩さんみたいになったことも。

久しぶりに溜池交差点にいくとあの頃とはすべてが変わっていた。ひっそりしたお屋敷町はアークヒルズになってしまい、山口百恵さんが相愛の三浦友和さんと結婚式を挙げた霊南坂教会も建て替わり、赤坂見附方面につづく日差しのうららした岡もビルだらけで、芸者さんを待つ人力車が何台も待っていた黒板塀の料亭も姿を消していた。わたしの勤めていた会社もつぶれた。

あのフランス語の話せる彼女たちはどうしているだろうか。結婚して子供や孫に恵まれているだろうか。

震災でおもいだしたこと　――吉村昭

3・11のおおきな地震のあと、仕事先の九州から東京に帰ってきて驚いたのは町が暗いことであった。地下鉄の電気も半分は消されている。それでわたしの目にはちょうどいい。いつもはまぶしすぎる。三田線は間引き運転で十二分に一度しか来ない。混んではいるが乗れないわけではない。数分に一本、電車が来る必要などはなかった。頭痛、耳鳴りも通常通り、ひどくなったのはめまい。ふらっとしては、あれ、また地震かな、と軒先の風鈴が揺れていないのを確かめる日々。

心を落ち着かせるには本を読もう。吉村昭『関東大震災』を本棚に見つける。震災後に生まれた氏が親の被災体験に戦慄し、作品としたものである。地震を予期した今村明恒助教授と、それを否定して安全を訴えた大森房吉教授の確執、各地での被災の克明な情況、朝鮮人差別による流言、社会主義者たちへの弾圧までが淡々とつづられている。関東大震災では焼死と圧死がおおく、東日本大震災で人々は海にさらわれていった。流言や弾圧がほとんどなかったことには安堵するが、かわりに原発事故と事後処理の難航という暗雲がたれ込めている。

温和な吉村さんのお顔を思い出し、いまご存命だったらなんとおっしゃるかなあ。いろんな記憶がたぐり寄せられた。

あれは三十年も昔、地域雑誌を始めた頃、怖いもの知らずのわたしたちは、地域ゆかりの作家である日暮里生まれの吉村さんに、雑誌に載せる自著の自筆広告を頂戴したいと依頼した。ちょうど『東京の下町』をお書きになったところで、早速届いた広告の版下には「私は日暮里に生まれ、道灌山の開成中学を卒業しました。『谷根千』のファンの一人です。『谷根千』のつぎに私のものも読んでください」と書かれていた。お願いするときの手紙に小さく「広告料は無料です」と添え書きしたのだが、版下とともに「無料広告料ご笑納ください」と一万円が同封されていた。

最初にお会いしたのは、『東京の下町』の取材に諏方神社入り口に住んでおられた平塚春造氏のところに見えたとき。平塚さんは平塚駒次郎という美校の技官をつとめた鋳物師の息子で、土地の古老といっていい方、わたしは昔の話を聞きに入りびたっていたのである。平塚さんの『日暮しの岡』をわたしたちが一九九〇年に聞き書きして作ったとき、吉村先生は気軽に「郷土の宝」という序文を書いてくださった。

この冊子は評判がよく、日暮里の方達が古刹《こさつ》養福寺で、平塚さんの長年の郷土史研究に報いる出版記念パーティを開いてくださることになった。そのとき、わたしは連絡係として吉村先生にお話をお願いした。わざわざ中央線の三鷹から出て来てくださった。

そのときの話はメモをとっていた。「私は日暮里の綿問屋に昭和二年に九男一女の八男に生まれまして、名付けるのにめんどくさいので親が簡単に昭和の上をとったんでしょう」と笑わせた。「最近よく古き良き東京などと言うんですが、あれは間違いだと思います。大体赤ん坊が千人生まれて二百五十人も死ぬ世の中がいいわけない。チブス、麻疹《はしか》、そんなんでバタバタ死んだ。ネズミはいるしハエや蚊がいるし南京虫はいるし、どこが懐かしいのかわからない。よく下町は粋だって言いますが、縮みのシャツにステテコに腹巻き巻いて下駄履いている、なんでこれが粋と言えるのでしょうか」と話された。そして空襲の話へと続く。

「うちはB29の焼夷弾で四月十三日に焼けました。その時は必死で谷中墓地に逃げまして、その時、桜の花が満開で、その桜の上に光が落ちて、空が真っ赤で、その下であんな美しい桜を見たことがありません。

兄は二十二歳で戦死しまして、父は戦争中に亡くなりまして、棺桶を大工じゃなくて指物師に頼んだら角を丸くとって、ちょっと色っぽいのができました。

終戦後、肺結核になって、正月に六十キロあった体重が三十五キロになりまして、東大病院に入院しました。あの頃は結核といえばまだ肋骨を切ってた頃で、二十五センチの骨を五本切りました。局所麻酔で手術は五時間かかりました。その時、秋田生まれの、怖い、殴る専門の看護婦がいまして、私が痛い痛いと騒ぐと、男でしょと言って殴る。きっと女が騒ぐと女でしょと殴るんでしょ(笑)。それで仕方ないから痛くない痛くないと騒いでいました。

下町生まれですから、やはり人に迷惑をかけちゃいけない、周りに気を遣うというのが身に染《し》みております。どこかで葬式があれば近所は笑い声も立てず、ラジオもつけず、鳴り物一切禁止でした」

終わってから「森さん、ちょっと」とよばれ、何冊かのサイン本が入った紙袋を渡された。「今日おせわになった方たちにどうぞ」と。講演料も差し上げられないのに、そこまで気を遣ってくださる方であった。

今思うと失礼なことばかりしたような気がする。その帰り、作家の小沢信男さんと彫刻家の基《もとい》俊太郎さんとで吉村昭さんを、根津の路地の狭い店にお誘いした。でもわたしたちはそのとき極貧で、吉村さんになんとサントリーホワイトを飲ませてしまったのだ。

それでも上機嫌な吉村さんは、居酒屋に一人で入ると株屋か刑事と間違えられるなどといってみなを笑わせ、なにごとも思ったことを口に出す基さんが、『戦艦武蔵』の著者の前で吉田満の『戦艦大和ノ最期』は傑作だ、としきりに誉めても、にこにこしていらした。

そのあとも雑誌をお送りするとたまに感想など葉書をくださった。その葉書が万年筆で端正に書いてあるのに表面がてかてか光っている。これは雨が降ってもインクが流れないように表面を蠟石でこするということだった。氏の生家は花嫁わたという商家で、下町の律儀な性格をお持ちなのであった。

それでもプロの作家に原稿料の出せない雑誌が甘えて寄稿を頼めるものではなく、『谷根千』に書いていただいたのは三十号の映画特集くらいである。

掲載誌をお送りすると「もっと気軽にちょくちょく頼んでくださいよ」とおっしゃった。吉村さんの地元、吉祥寺でもシンポジウムでご一緒したり、北九州市自分史文学賞の授賞式でもご一緒したことがある。お酒が入ってご機嫌になられた先生がわたしに「君と僕じゃいっしょになれないよ。下町同士は気を遣いすぎて無理だな」と冗談をおっしゃって、一座の人が爆笑したのも憶い出す。

雑誌の対談をしたこともあった。まだバブルのころで、なんと江戸から続く名料亭、八百善で行われたのだが、わたしは上がってしまい、せっかくの料理を何も覚えていない。吉村さんは「きょうは間が悪くて葬式があってねえ。でなければ森さんを銀座のバーにお連れしようと思ったんだけど」と残念そうにすぐ帰られたのだが。

吉村先生は生まれ育った東京の下町をこよなく愛した方だった。奥さまの津村節子さんは福井県小浜出身、小浜へ行くと下へも置かぬ歓待を受けるそうで、「ふるさとがあっていいいな」と思ったそうだ。その分、『谷根千』を〝ふるさとの地域雑誌〟として大事に思ってくださったのかもしれない。

日暮里のホテルラングウッドでのお別れの会には文学関係者だけではなく、町のみんなが集まった。吉村さんの死をめぐる奥さまのお話にも絶句したが、ご子息の挨拶がとりわけ立派に思えて、このように育てられたのも吉村さんの下町の規範なのであろうと思った。

これから『三陸海岸大津波』を読むつもりだ。

衿子さんの家で　――岸田衿子

自己免疫疾患原田氏病の後遺症は眼だけではない。耳鳴りがあって、朝起きる時から夜寝るまでじーじー、きーんきーん鳴っている。疲れた時はものすごく強い。だから耳鳴りがひどくなったらこれは仕事をやめよというアラームだと考えることにした。この前、激辛の麻婆豆腐をたべたら、耳のなかが真空になったような圧迫感に襲われ、ものすごい耳鳴りが始まった。東日本大震災のあと、耳鳴りはいよいよひどくなっている。

大震災のあった二〇一一年三月の三十日、彫刻家佐藤忠良さんがなくなられた。九十八歳だった。

「芸術院会員とか文化功労賞とか、勲何等とかはね（もらわない）。大体僕は人間を何等とかつけるの気に食わないの。下手な代議士よりも百姓のほうがよっぽど上等なひとがいるでしょ。キザなようだけど、職人があんなの身につけたってだめですよ」

とあるインタビューで語っている。芸術家より職人たらんとした人、宮城県黒川郡大和町生まれという。だがわたしが畑を作っていた丸森町の人たちはおらほの町の出身だ、と自慢する。子ども時代は丸森町で過ごした。お父さんが農学校の先生で早く亡くなったため、北海道にわたり、東京美術学校卒業後、戦争にとられシベリアで抑留もされた。

同じ年の四月七日、詩人の岸田衿子さんがなくなった。彼女もまた佐藤忠良さんとおなじに世俗の権威とは関係のない人だった。

衿子さんのことを知ったのは子どもを育てる時に買った『かばくん』の絵本。それから『ジオジオのかんむり』。地域雑誌をはじめてしばらくした頃、谷中墓地をほっそりした女性が大きなつばの帽子をかむり、薄物のフレアースカートで歩いてきた。あ、これが衿子さんにちがいない。男の人数人引き連れてなんだかかっこよかった。みんなに大事にされているようすが一瞬に見て取れた。

衿子さんは谷中の高台の路地の奥に住んでいた。突き当たりは霊梅院といって周恩来が一時、下宿していた寺である。その手前の家に戦後、父上の劇作家岸田國士《くにお》さんが住み、衿子さんが受け継いで建て直したらしかった。一階にキッチンや仕事場があって、二階は大きな一部屋でハープシコードと卓球台が置いてあった。その卓球台にクロスを掛けるとパーティのテーブルになるのだった。

ちょうどチェルノブイリ原発事故のあと、衿子さんが言い出して、何度か谷中で学習会を催したことがある。詩を書き、絵本を作っている人たちは子どもの被曝に敏感なんだな、と感心した。わたしも当時若い母親で小さな子どもを育てていたから、チラシを作ったり配ったり。五十代の衿子さんの手下のように働いた。

「まゆみさん、日暮里駅まで谷川俊太郎さんを迎えにいってちょうだい」

といわれて行った。高名な詩人に声を掛けるときはどきどきした。谷川さんは「いやあ、変わってないな、懐かしいな」とおっしゃるので、「前にもいらしたんですか」と聞いたわたしは馬鹿みたい。家に着くと「あらあ、俊ちゃん、いらっしゃい」と衿子さんがハスキーな声で言った。後で聞くと、お二人は北軽井沢の少年少女で恋をして結婚したというではないか。一九五四年、谷川徹三の息子と岸田國士の娘が結婚するとき、熱海の志賀直哉邸に挨拶に行った話など、とびきり面白かった。

衿子さんは話す天才なのである。こちらの都合などおかまいなしに微にいり細にいり延々話すのだけど、それがほんとに面白い。

その次は石垣りんさんを千駄木駅まで迎えにいった。

「懐かしいわ。戦後、この坂を毎週のぼっていったのよ」

団子坂をのぼり、藪下にくだる。そこに住んでいた加宮貴一という方が銀行員であった石垣さんの文学の師だと聞いた。『文藝時代』の同人で横光利一、中河与一とともに新感覚派の「さんイチ」といわれた加宮さんは幼い娘の死をきっかけに筆を折り、戦後、隣組の先輩、豊島与志雄《とよしまよしお》にいわれて社会党から文京区議になった。同じ町にある一軒家をわたしたち谷根千工房の事務所として、たった四万円で貸してくれたのも加宮さんであった。

そういえば衿子さんは戦時中、父の友人である詩人日夏耿之介《こうのすけ》を頼って信州に疎開していて、東京美術学校を受験するため一人上京、世話になったのが、これも仏文つながりだろう、千駄木の豊島与志雄の家だった。大正時代、『レ・ミゼラブル』の翻訳がベストセラーとなった。

「翌日もデッサンの試験があるのに、豊島さんは夕方になると飲みにいこう、というの」

若き日の岸田衿子の美しさは並みではない。父岸田國士も美男子だし、早く亡くなられた母の秋子さんは文藝春秋の編集者だったというが、これまた絶世の美女といわれた人である。たぶん豊島与志雄はきれいな少女を連れて歩きたかったのであろう。

衿子さんは父の代から浅間山麓に家を持ち、そこに長く滞在した。そこにも泊めていただいたが、東京の家も楽しいうちだった。谷中の文房具店が生家の画家の有元利夫さんがリコーダーで、衿子さんがハープシコードを弾いた時代には巡り会えなかった。でもここで茨木のり子さん、中川李枝子さん、スズキコージさん、美濃瓢吾《みのひょうご》さん、面白い人にいっぱい会った。衿子さんはえらい人より、面白い人の方が好きだった。

あるとき「パリからクロス（画家の黒須昇）さんが来るからまゆみさんもどう？」と電話をいただいて自転車で坂を上がると、岸田今日子さんと加藤道子さんが先客でいらした。「森さんはおいくつなの」「若くてきれいねえ」なんて大女優お二人にいわれたりして。そこにはいつもの気持ちのいい濁らないゆったりした時間が流れていた。

ロバさんこと植物の絵を描く古矢一穂さんと息子の未知さんと、二人の男の人もその雰囲気を作っていた。

次から次へと憶い出す。衿子さんの電話は長く、「岸田です」といわれるとわたしは長電話の態勢を整え、話をメモして『谷根千』にひとつ長い記事を書いたことさえあるが、受話器を置いたあとは必ず腕がしびれていた。二月頃、とつぜん電話があり「まゆみさん、また北軽井沢に来て、ピアノを弾いてちょうだい」と何度も繰り返され、「ええ、ええ、暖かくなったら必ず」といったのに約束を果たせなかった。

昨日、谷中の主の居ない家にいった。窓のところに馬の切り絵がぶら下がって、花が咲き乱れて、郵便箱には手書きの張り紙があって、衿子さんが何のために生きていたのか、やっと飲み込めて、わたしは泣いた。

センチメンタル・ジャーニー　――目賀田先生

平塚らいてうのことをひさしぶりに書いていた。明治四十四年、千駄木で日本で初めて「女性による女性のための」雑誌『青鞜』を創刊した人である。自伝『元始、女性は太陽であった』を読みなおすと、お茶の水の女子高等師範附属女学校に通う道でよく会う、目賀田さんというクラスメートのことがでてきた。

「菊池さん、足立さん、目賀田さんなどは、テニスの好敵手として、いまも忘れられない人たちです。菊池さんは文部大臣菊池大麓《だいろく》の娘、目賀田さんは、男爵目賀田種次郎の娘で、足立さんは、お父さんが北海道に石炭の山をもっているのだとか」とらいてうは書いている。菊池大麓は岡山津山の儒者箕作秋坪《みつくりしゅうへい》の息子で、父の実家菊池家を継ぎ、数学者で東京大学総長をつとめた。谷中墓地に墓がある。箕作家は日本の近代でもっとも日の当たる一族といえよう。

しかし目賀田種次郎という人はいない。目賀田種太郎だろう。嘉永六（一八五三）年、本所の旧幕臣の家に生まれ、ハーバード法律学校卒業。横浜税関長、大蔵省主税局長、枢密院顧問官、貴族院議員、韓国財政顧問、国際連盟大使、専修学校（現・専修大学）や東京音楽学校（現・東京藝術大学）を創立。政治家、官僚、法学者、弁護士、裁判官、外交官、教育者と一人でなんと多くの仕事をこなしたものか。英語仏語に通じ、日本で初めて社交ダンスをした人らしい。目賀田家は白山付近にあったというが、そのことは地域で聞かない。妻は勝海舟の娘逸子である。

面白いなあ、と思いながらわたしはべつの目賀田さんを思い出していた。

わたしが通った中学も、平塚らいてうとおなじお茶の水の附属。区立の小学校から中学校に入ったわたしからすれば、幼稚園、小学校から上がってきた級友は育ちもよく様子もよい。早くからさまざまの習い事をしており、ことに英語はまるで太刀打ちできなかった。そのなかでもサノ君とイシハラ君はとても英語がよくできた。発音もいいし、英文解釈も堂に入ったもので、「なんであんなにできるんだろう」とわたしは憧れに満ちたまなざしで、答える彼らを見つめていた。

そして突き止めたのである。二人が同じ先生に習っていることを。その名と住所を聞き出した少女は直情径行だった。そのころ学校では西武新宿線の保谷に郊外園なる農場を持っており、毎月、弁当を持って農業実習があるのだった。今となっては、あの学校の教育で一番いいところではなかったか。トウモロコシ、ジャガイモ、タマネギ、カボチャ、スイカなどをわたしたちは育てた。そして重いサツマイモの袋をしょって、仲良しのヤマグチさんと原宿の目賀田先生のうちに向った。

その御宅は今の竹下通りがあんな繁華街になる前の住宅街の一角にあり、木造和風の立派な家だった。アポもない訪問を受け、玄関に立った先生は銀髪をきちんと結い、着物姿の身のこなしがなんとも優雅で、銀縁眼鏡の奥の眼は厳しくわたしたちを実検していた。

英語がもっとできるようになりたい、とわたしたちは訴えた。そして泥つきのサツマイモをおみやげに差し出した。本当は素敵な少年たちと一緒に習いたかったのだが、先生は「レベルが違うから無理でしょう」とにべもなく、わたしたち二人を別に教えることを約束してくれた。

とうにご主人をなくされ、中学生に英語を手ほどきすることを生き甲斐にしておられるようであった。長くイギリスやインドで暮らしたと仄聞した。教えかたは厳しく、徹底的に文法を叩き込む。SVOやSVCを理解し、形容詞や副詞の修飾関係を押さえれば、こんなふうに文章はほどけていくのか、嘘のようにすらすらとわかった。

英語はぐんぐんと上達し、学ぶことが楽しくなった。相棒が厳しさに音を上げてやめたあとも、わたしは通いつづけた。ラフカディオ・ハーンの『怪談』を原文で読んだ。単語を二度間違えると、先生は「どして?」と言って顔を覗き込んだ。レッスンのあとで出るすばらしい英国製のカップに入った紅茶とビスケットも通う楽しみだった。

一年半も通ったろうか、「もうあなたを教えられないのよ」と先生は言った。「わたくしもトシだからセンチメンタル・ジャーニーがしたくなったの」。あのときは世界が急に灰色に色あせ、音もなくなったような気がした。

「センチメンタル・ジャーニー」のドリス・デイのけだるい歌声をきくと、このときのシーンがよみがえる。「古い記憶を思い出すため to renew old memories」に目賀田先生はどこへ向ったのか。革の旅行鞄で、日本郵船で、インドかしら。英国かしら。

のちになって、なにかの本で戦後、GHQの将校たちと遊んだ貴族の女性の話を読んだ。将校らの社交生活のため、学習院出の上流の夫人達が駆り出されたというのである。もちろん一番有名なのはケーディス大佐と許されぬ恋に落ち、のちに「鳥尾夫人」なるバーを開いた鳥尾鶴代である(なんという鳥づくし)。そのなかに目賀田男爵夫人という名を見つけ、どきんとした。あの英語の目賀田先生ではないだろうか。めずらしい姓だけど、そんなはずはない。

いま調べてみると、目賀田種太郎の長男の目賀田綱美男爵はフランスで長く暮らし、タンゴを日本に紹介し、のちにダンス教室を開いたというから、その夫人なら長らく英国やインド在住ということはないだろう。珍しい姓なので、あるいはご一族なのかもしれない。先生は日本舞踊も教えていらしたようだ。大きな鏡のついた板の間があった。

わたしの英語の目標であったサノ君は気象や環境の専門家に、イシハラ君は大手電機メーカーのえらい人になった。その後もこの目賀田という名前を外交官やアナウンサーに見るたび、わが英語の先生を憶いだす。目賀田家は鎌倉発祥の武家で、本能寺の変で明智方につくも、のち紀州徳川家に仕え、幕末には旗本になった一族であるらしい。

狐につままれた話

耳鳴りの九十パーセントは原因不明で九十パーセントは不治だという。海の響きをなつかしむなどと優雅なこともいっていられない。

耳鳴りだけならいいが、音が混ざる。ラジオがついていたり、洗い物をしているときに話しかけられても聞こえない。パーティも避けるようになった。そのうえ、めまいがあって方向感覚に大きな狂いが生じてきた。

夜、谷中墓地を酔っぱらって通ると、昼間とまったく違う景色に見えることがある。こんな場所にお墓があったっけというような大きな墓石が行く手にぬっと立ち塞がったり。ねぐらとおぼしき木から急にばさばさとカラスが飛び立ったり。

昔は物騒なところで、昼なお暗く、よく木の枝にぶら下がった死体にぶつかったりしたらしい。その体の重みと肉の感触をわすれられないという人がいる。墓詣り中の女性の手提げがなくなるのはしょっちゅうだった。かとおもうと「女を連れ込んで墓石の上に押し倒したら、あの石の冷やっこさはたまらねえぜ」とうそぶく昔の遊び人もいた。このところ墓地の老樹は次々切り倒され、明るくはなったけれど、かつての深遠なおもかげはない。

谷中周辺にはお寺が百近くある。そのお坊さんたちは町で会うと黒い衣を着て、口を真一文字に結んで歩いている。黒いかばんを提げて、檀家にお経をあげに行くのだろうか。とても気軽に声をかけられるような感じではない。明治になってもしばらくは僧職のものは肉食や妻帯は許されなかった。俗世の外に暮らすものとしてあった。

戦前を知っている老住職に聞くと、「寺は檀家のもので、跡継ぎも檀家総代と相談して、法灯を継ぐべき弟子を選ぶ。いまのようにできのわるい息子で間に合わすということはなかったのじゃ」とのことである。道場破りのようなこともあって、旅の僧がある日やって来て住職に問答を吹っかける。それに応えられなければ現住職はその寺を明け渡さねばならないというのである。

また別のお坊さんに聞いた。寺には男しか居ず、住持の世話も若い弟子が行っていた。「住職、いるか」とたずねてくる檀家と茶を飲み、連句をつくり、秋の夜長を過ごしたという。「どんなに寒くても素足です。客が来るとすっとたって玄関に出て行く。初めて会う客でもこう、ここで見ますからな」と眉間を指さした。人物を喝破する本能が備わっていたのであろう。
ある日、初めての飲み屋に行くと丸刈りの男性とカウンターで隣り合った。「お近くの方ですか」「いや東京に来るとこの辺が好きでね、自動車関係の仕事です」。言葉少なに飲みかわした。「藤原新也の『印度放浪』読みましたわ。いつか行ってガンジス河のほとりに立ってみたい」「ニンゲンは犬に食われるほど自由だ、というあれですね」とわたしは相槌を打った。「ほんとうに営業の仕事で全国回っていると、このまま消えたくなることがありますよ」「でしょうね。でもさぞかし、小説になるようなおもしろい体験もなさるのじゃありませんか」。

お勘定をと言って後ろ向きになった男のひとの左手の人差し指が白い包帯で巻かれていた。さっきまで右手だけカウンターに出していたのである。気づいたわたしのまなざしに「いや、飼い犬に嚙まれましてね」と男はほほえんだ。

それきり忘れていたが、しばらくして谷中のとある寺を取材で訪ねた。黒衣の住職がでてきた。あらあ、あのカウンターにいた男性ではないか。しかし向うは顔色を変えるでもない。「最近どこかでお会いしませんでしたか?」。向うは首を傾げるばかりである。「居酒屋でごいっしょしませんでしたか。ほら、あの」「それはたぶんお人違いでしょう。うちの弟かな」。

そんな、そんな。でもだんだんこちらの思い違いではないか、とわたしも考え出した。首から上は酷似しているが、あの白い開襟シャツの男と黒衣の僧は重ならないのである。弟という人に会ってみたいとも思ったが、そんなことを追及する自分が品のない女という感じがしてきた。

わたしは用件を済ませ、すごすごと寺の門に向った。その途端、どこからでてきたのか大型犬がものすごいほど吼《ほ》え立てた。入るときはいなかったのに、いかにも強そうなヤツ。わたしはあの指の白い包帯を憶い出した。「左手の人差し指が覚えてるって『雪国』にあったな」。負け惜しみのようにつぶやいた。

東京の寺は京都の観光寺院のように派手ではない。境内を二、三台駐車場に貸すくらいが関の山だ。それでも住職が夜になると赤いアノラックを着て、高そうなバイクや外国車に乗って出て行く。「丸刈りの暴走族だよ」と商売の上では「お寺様」と敬ってるようでも、町の人はしっかり見ている。もちろん中には学識豊かで尊敬できる高僧もおられる。

「だから僕ら、異形のものが住みやすいところなんです」と山海塾のダンサーはいって、丸い頭でわたしの飲み仲間になった。

本郷の畸人のこと　――品川力

本郷館という百六年前に建った下宿がいよいよこわされるという。その近くに鳳明館というこれまた古い、下宿屋に発祥した旅館が残っていて、そこに泊まるという友人たちを訪ねて宿の部屋でビールを飲んだ。帰りにふらふら酔うて歩いたら、ペリカン書房の前を通った。相変らず素通しのガラスの向こう側に緑色のカーテンが引かれていたけれど、その主はしばらく前からいない。わたしが出会った人の中で最も不思議な人であった。

どこで最初に会ったのか、よく覚えていない。もしかすると、千駄木在住の高村光太郎研究家、北川太一さんのお宅ではなかったろうか。そこにいた男性、背が高く、眼光炯々、細い絹糸のような白髪にテンガロンハットを被り、十月というのに白い半袖シャツという風体は、ただ者ではない。知識人なのは見て取れるが、下駄に着やすいズボンという姿は大学教授にしてはくだけている。

だれかが「かの有名な品川力《つとむ》さんですよ。ペリカン書房のね」とささやくから、編集者かとおもったら、本郷落第横丁にある古書店の主人ということであった。それからわたしたちの地域雑誌はペリカン書房に置かれるようになり、ガラス戸の内側に色紙《いろがみ》の広告チラシも貼られることになったのだが、あのとき無口だったのは「そりゃわたしがどもりだからですよ」とご本人がおっしゃった。

品川さんはそれぞれの研究者に資料を配達して歩く人だと聞いた。堀切利高さんのところへは荒畑寒村文献を、北川太一さんのところへは高村光太郎文献を、高田栄一さんのところへはヘビやワニの、木下順二さんのところへは馬の関連書を持っていくので、とその途中、谷根千工房へ現れた。

谷中の山崎正一さんの帰りに寄られたときは、「ああ、あのドイツ哲学の、と答えが返ってくるかと思ったら知らないのですか」とあとでお叱りのはがきが届いた。山崎正一氏は興禅寺住職でかつ東大教授であった。女性研究者にはことに親切で、それぞれの方には品川さんが名前をつけていた。不二出版の美しい勝ち気な編集者はクレオパトラというのだそうだが、はて、わたしにはどんな名がついていたものやら。これをめぐり歩くのを「星座巡礼」といったそうな。

そのころの谷根千事務所は千駄木の日医大近くの、庭のある古い一軒家であった。木戸をがらりとあけ「やや、暑い暑い」と開襟シャツのなかに扇子でばたばた風を入れる品川さんが見えた。なんだか照れ隠しのようでもあったが、あるとき体中を亀の子タワシでこすることをはじめ、異常に代謝がよくなり、暑がりになったのだそうだ。その前は自転車がトレードマークだったらしいが、さすがに初対面が八十お近く、いつも歩きだった。わたしの最初の本といってよい『谷中スケッチブック』が出たあと、「はいこれ」と分厚いカードを輪ゴムで留めたものを渡された。全部、誤植の指摘である。ありがたくいただいて増刷から直したが、「あら探しをして喜んでいる」といわれることもあったとか。

品川さんは自分の店で売る本にはすべて正誤表を付けているという伝説まであった。本を粗末に扱う人には激高する。わたしも「お貸ししても良いが、あなたはよく頁の端をおりますね」とやられた。新刊を書評する仕事をしていたから、つい引用すべき頁を折ったり、線を引いたりしたのを見つかったのである。

品川力さんは新潟県の柏崎で牧場と書店を営む無教会派のクリスチャンの家に生まれた。上京して富士アイスにつとめたのち、戦前に落第横丁で「ペリカン・ランチルーム」あるいは「レストラン・ペリカン」を経営。料理は版画家の弟の工《たくみ》さん。無口なペリカンのマスター力さんは織田作之助の友人でもあり、彼の同人誌『海風』の発行人も引受けていた。太宰治の『ダス・ゲマイネ』に描かれたこともある。店を手伝っていた細面で美しい妹の約百《よぶ》さんは品川陽子という名の詩人でもあった。この店には大塚久雄や中村光夫、矢田津《つ》世子《せこ》なども来たと言う。立原道造が「ボオドレエルをお願いします」と「旅への誘い」のレコードを所望することもあった。

『谷根千』を配達に行くと「まあおあがりなさい」といわれ、約百さんにお茶を淹《い》れてもらい、そんな果てしないお話を聞いた。

ペリカンが本屋に転向したものの、戦災で焼けたとき、友人の串田孫一さんが本をたくさん持ってきてくれたという。「串田くんは美青年でしたよ。秘蔵の写真を見せましょう」と高島田に結った串田さんの女装の写真を見せていただいた。

品川さんの九十の賀が駿河台の山の上ホテルで開かれたとき、わたしはなぜかお招きを受けて串田孫一さんの隣りに座らされた。随筆の愛読者なので嬉しいような困ったような感じだった。英国貴族は穴のあいたセーターを着ているというが、隣の串田さんをそっと見ると、焦げ茶色のカーディガンにはたしかに穴があいていた。

「串田家のお墓は谷中墓地のいいところにありますね」というと、串田さんは「あそこは魚河岸関係の墓でね、うちのオヤジが仲よくしていた」との答。「オヤジはなじみの芸者なんかもお墓に入れちゃうもんだから、中にピンクの花なんか描いた骨壺がありますよ」と悠然たる調子である。オヤジとは三菱の大番頭串田万蔵。ペンシルヴァニア大学ウォートンスクールを出た人だ。他に八木福次郎さん、猪野謙二さんなどもいらして、錚々たる方の中で女性はわたし一人、光栄にも品川さんへの花束渡し役を務めた。
品川さんはその後も扇子とカウボーイハットで谷根千に「暑い暑い」と言って見えた。
「い、いま、や、谷中のおいしいと、と、豆腐を買ってきましてね」とつっかえながら。わたしもじつはこどもの頃は吃音だった。品川さんは吃音仲間、植村正久、大杉栄、石井漠のことを嬉しそうに話した。そのほか前田河広一郎、十一谷義三郎、葦津珍彦などという難読名の読み方もたくさん教わった。さあ、読めるでしょうか？（まえだこうひろいちろう、じゅういちやぎさぶろう、あしづうずひこ）
来訪が間遠になり、ぱったりと見えなくなった。明治三十七年生まれの品川力さんは「気配りという処世術を心得ず」「誰にも遠慮せず」に『古書巡礼』『本豪 落第横丁』の二冊のエッセイ集を書き、風のように去った。とはいえど品川さんに伺った、立原道造が病床で「五月の風をゼリーにして持ってきてくれ」といった話とともに、品川さんの気配は本郷あたりにたのもしく漂っている。

「根津の甚八」伝説

『谷根千』終刊から日が経って、昔のノートを整理してアーカイブを作らなければならない。そこまでやって次代に資料を渡したい。それで一九八四年の手帳やノートから眺めている。スケジュール表のところに「ジン八」と書いてあるのは、「根津の甚八」という居酒屋で仲居をしていたからだ。松代《まつしろ》出身の主人が真田《さなだ》十勇士の一人と根津の地名をかけて命名したという。

その店は大通りから一本入った横町にある平屋だった。格子戸があって、木が植わって、赤提灯が点《とも》る。がらりとあけると薄暗い土間、そこにゆるいカーブを描くL字型のカウンターがあって、その内側で甕《かめ》に入った酒を柄杓《ひしゃく》でお銚子についでいた。その奥は格子戸をはさんで小上がりになっており、小さな卓と小さな木綿の座布団が置かれていた。

学生時代にも行ったことがあった。谷中の朝倉彫塑館でアルバイトをしている頃の話、あの薄暗さと壁に貼ってあったロングフェローの原語の詩。昭和四十年代の東京でもそこは異境だった。馬場孤蝶か折口信夫《しのぶ》に似た六十がらみの主人は自転車にハンチングで現れ、着物に着替え、たすきを掛けて台所。わたしもいつかそこで働いてみたかった。

一九八四年、すでに子持ちの若妻であった私は、創刊したての地域雑誌『谷中・根津・千駄木』を置いてもらうため、何年ぶりかで店を訪れた。上から下までずいと見た主人は「置いてもいいけど、そのかわり店で働いてもらえませんか。これから年末にかけて忘年会で混むのです」としゃがれ声で言った。置いてもらいたい一心、雑誌発行の資金稼ぎもかねて、わたしたちスタッフ三人は週に二回ずつ、念願の仲居修業の身と相成った。

夕方四時ころ出勤。頼まれるのは買物。豆腐屋さん、八百屋さん、味噌屋さん……火灯し頃、根津の商店街を歩くのは楽しかった。五時になると表を掃き、水を打って提灯に灯を入れる。着物にたすき掛けで、カツオ一尾と格闘中の主人の背中が見える。わたしは胡《きゅ》瓜《うり》の小口切り、煮干しの頭とり。料理はなかなか本格的だ。

黒びかりするカウンターに口開けの客が来る。甕に一升瓶を六本空ける。注文をきく。ぽつりといる客が所在なさそうだなあ、と思っていると知らない同士、話が始まる。あとからあとから客が来る。もう一人のバイト、ヨーコちゃんがテキパキ働く。主人、からしを練るように言う。練ってわたすと棚の上に乗せ、忘れてまたからしを、と言う。この繰り返しでからしの小鉢が棚に五個。しかし口答えは許されない。

客の数に比して料理人はひとり、なかなか料理が出ない。文句が来る。ただ今やっております、もう少しお待ちをとあやまるばかり。しびれを切らして客が帰る。帰ったとたんにドドッと出る。さっき帰った人かわいそう。このくりかえし。

今日のメニュー。大根のおでん風、ゼンマイついたりつかなかったり。数の子のマヨネーズ和《あ》えたったの一片。梅干しの甘煮一個。塩辛五、六本。カツオの刺身三切れ。お粥あんかけ出たり出なかったり。「あれ、この鉢にはゼンマイが」などという口答えは許されない。それでも凝った小鉢や皿に客はほほうと喜ぶ。「これは京都の大徳寺の梅でございます」と言いなさい、と主人。「これは京都の大徳寺の梅でございます」。ほほう。数の子はサラダ数の子のパックを切って出すだけだが、ほほう。おでんをよそってからしがないのに気づき、二軒先まで買いにいった、と仲居日誌にある。

八時半にきた二人連れが十時になっても小鉢二つのままで「かわいそう」と陳情したら主人、カツオと大根をいっぺんに出した。お粥がおいしいと客が言うと「何杯でもおかわりしなさい」とうれしそう。料理が一段落するとゆったり客と会話する。気に入った客には「主人からです」とシャンパンをおごる。わたしもついでに、喉が渇いた、と訴えると「一気に。ぐーっと。ぐーっと」とシャンパンをつぐ。

ちょっと、と呼ぶから行くと「あ、わすれました」。気に入らない客には「もうこなくていいです」「あの人は何をしに行ったとおもいますか。立ちションです。すぐ注意してください」と殺気立つから、外に出て注意して戻ると、「ったく、近頃のバイトはすぐサボる」と客に愚痴っている。

立ち小便に敏感なのは、ダイアナ妃が来日のさい、「日本のパブへ行ってみたい」といって候補に挙がったが、外務省の人が下検分に来たとき、客の立ちションが見つかりおじゃんになったから。その話をする時の主人は、ものすごく悔しそうだった。といってもトイレは座敷の奥に一つあるだけ。客をかきわけ到達するのも大変だ。

「二千五百円の予算で宴会のご予約です」と伝えると「養老乃瀧へ行け、といいなさい」。「東大の方たちです」と付け加えると「じゃあ、私が出ます」と態度ががらり。

この東大の宴会ときたら。わたしの仲居日誌より。「子供が生まれたの、論文がとおったの、マンション買ったの、いかにわれわれが国家を動かしているのか、ということを内輪ぼめしながらだべっており蹴飛ばしたくなった。そのうち座が乱れ、おんなの話になり、メガネがずり落ちてきた。全員メガネ、勉強のしすぎだよ。(あ、うちの亭主もメガネだった)」。

谷根千スタッフのひろちゃんの日誌より。「絣の前掛けをしてたら、男性に東北の方ですかときかれて、新しい恋が芽生えるのではないかと期待しているのです。私は二十歳くらいに見えるらしい。でもきょうはオトーちゃんの監視つき。『三千円稼ぐに旦那五千円飲みにけり』字あまり」。うきうき書いてある。

お嬢さんと呼ばれていい気になり、姉ちゃんと呼ばれて腹を立て、理不尽な主人に首を傾げて三ヶ月、忘年会新年会シーズンは終わり、わたしたちはめでたくクビになった。

今考えてもどうして、乳幼児がいるのにあんなことをしたのか、夫たちは水商売に夜、家を空ける妻たちに文句もいわなかったのか、解せない。ついでにこの店の勘定は客にとってはどうにも腑に落ちないものであったのだが、その秘密はわたしたちだけが知っている。

品数や飲んだ量を把握できない主人は、一時間当り千五百円で計算していたのだ。「あの客、何時に来ましたか」。それはメガネをずりあげ、領収書を書く主人が決まって聞くことであった。

いっそままよのボンカレー　――岡本文弥

秋に上野奏楽堂で岡本文弥没後十五年祭「ぶんや恋しや新内の夕べ」というのが企画されると、あっというまに三百の席が売り切れた。谷中の横町に住んでいた地味な芸人を懐かしく思う人がそんなにいたかと、ちょっとびっくりし、うれしくもあった。わたしは一九九三年に毎日新聞社から聞き書き『長生きも芸のうち――岡本文弥百歳』を出し、文庫にもなったけれど、何年も前に絶版になっている。

あれは四十年近く前、根津銀座で風のような男にすれちがった。それが新内の岡本文弥、黒い着物を着て格好よかった。すでに八十代になっていたはずだけど。それから一九九三年に毎日新聞にいたユニークな編集者・吉田俊平さんに頼まれて、文弥師匠の家に通うことになった。それは谷中三方寺店《さんぽうじだな》、ほんとうにぐるり全部が寺というところにある小さな民家。四半四半亭と名付けた通り、がらりと引き戸を開けると小さな玄関があって四畳半が二つ、手前が稽古場で奥が茶の間、その向こうに台所。二階はあとからのせたいわゆる

「お神楽」である。

その奥の茶の間で九十八歳の文弥さんに話を聞いた。うんと年上の男性とは相性がいい。意地悪なおばあさんとはうまくいかない。そういう人は若い男子を差し向けるに限る。わたしだって八十、九十にもなって四十くらいの女が来るより、かわいい男の子が来たほうがいいもん。というわけで文弥師匠もカレンダーに太マジックで「まゆみサン来る」と書いて心待ちにしてくださっていた。

「あたしが生まれた時は一葉さんはまだ生きていましたよ」とよだれ掛けの師匠は言った。居眠りして着物が汚れないように、という妻の宮染《みやそめ》さんの配慮だが、ダンディな師匠は、ここに「戦争反対」と書こうかなと思っているんですよ、と照れた。

明治二十八年、一八九五年、谷中上三崎《かみさんさき》南町に生まれ、京華中学卒業。早稲田大学に入学してすぐ中退、そのころ白山にあった松岡書店に出入りし、社会主義者・堺利彦、大杉栄と出会う。これは辻潤や林芙美子が集った「南天堂」の前身だが、ずっと前のこと。

大正デモクラシーの中で『秀才文壇』『おとぎの世界』などの編集に携り、初山滋、山村暮鳥《ぼちょう》を世に出す。おなじころ母・鶴賀若吉に新内節を教わり、下谷、湯島の花街を流して歩く。

「そう、花井お梅の本物を見たことがあります」。明治二十年、箱屋の峰吉殺しで毒婦とされたお梅は監獄から出た後、事件をウリに舞台へ登場。ったってそれしか売るものないもんね。そのお梅と文弥さんの母上が友だちだったというわけ。「大きなマントを着てね、その下から赤い襦袢がちらちら見えました」。

驚くことばかりだった。編集の関係で出会った作家小森多慶子《たけこ》と同棲、彼女は田端で結核でなくなる。そのころ芥川龍之介や萩原朔太郎とも行き来があった。

失意の文弥さんは山中、山代、片山津と新内で北陸を流して歩き、金沢西の廓《くるわ》で飛行機という名の芸妓と知り合う。その芸妓とは三十年のちに再会した。文弥を名乗っていたという。「床をともにしたのは二、三度なのに忘れられないのはどうにも不思議だ」と飛行機あらため金沢の文弥姉さんはいったという。

そんな話はのろけじゃないか、といえばそれまでだが、七十年も前の話。他人事のように師匠は淡々と語るのであった。「夜になるとああいう廓はしいんと静まり返ってますよ、薄暗くて。そして見世《みせ》の中に一歩はいると輝いて、賑やかで、いい芸者衆が歌をうたったり、踊ったり、あれは本当の極楽ですヮ」。

女性とのことも隠しはしなかった。それも寝るなどという無粋な言葉は使わない。わりない仲になる、浅からぬことになりまして、床をともにするなどずいぶん言葉を教えてもらった。笑ったのは赤貧を洗いながら北陸を流していた頃、富山は高岡の友人にこれからそこを通るからと電報を打った。たしかに友人は汽車のホームから窓越しに大きな四角い包みを差し入れてくれた。やれうれしや、食い物にありつけると開いてみたら高岡名物硯《すずり》を土産にくれたとわかったときのがっかり。聞いて爆笑した。

昭和初期には築地小劇場に憧れ、左翼劇団に登場、「西部戦線異状なし」「磔《はりつけ》茂左衛門」「ほえろ百姓」など赤い新内を制作。弾圧が厳しくなると各地を慰問に回る。終戦のとき五十歳で一文無し。「わたしの左翼は、えばるやつは嫌いだ、困っている人がいたら見てられない、というごく単純な話で」という。戦後も「ノーモア・ヒロシマ」、晩年には「ぶんやアリラン」を日本男子から朝鮮人慰安婦への謝罪寸志としてつくったりした。「戦争は嫌い、散らかしますから」と、いかにも江戸っ子らしい言を残した。

一九九六年秋に亡くなる、百一歳。「秋草のような男といわれたい」という師匠の望みは叶い、お葬式のときには谷中の寺に萩や菊が咲き乱れていた。

没後十五年祭直前のきのう、ずっとさがしていて見つからなかった聞き書きテープが忽然と現れた。「阿賀に生きる」の映画監督・佐藤真が岡本文弥を映像作品にしたい、というので探していたものだ。二人で谷中の稽古所を訪ねたことがある。「もう生きている文弥さんは撮れないのよ」というと佐藤は「不在がぼくのテーマだ。音声があれば十分だ」と言うので、そのときも探したけど見つからなかった。その佐藤真も文弥夫人の宮染さんも、もうこの世におられない。

没後十五年祭で話す準備のため、テープを回すと、さながら師匠は生きているようで、男は文弥一人でいい、と思いつめて通った夏を憶い出した。

この十五年、いろんなことがあった。モスクワでロシア演劇の堀江新二先生にお世話になると、それが文弥さんの高弟・岡本弥生さんのご子息だった。もう一人の高弟・岡本美弥子さんに宮城県の丸森でばったり会った。近くの神社の奥さまになっておられるなど不思議な再会も多かった。みんな天国の文弥さんが引き合わせてくれたのかしら。

ライスカレー（カレーライスとは絶対いわなかった）とホットケーキが好きだった文弥さん。好きな歌人であり、俳人でもあった。

省みて栄華の日々を持たざりし　我が人生を自画自賛する
春塵や　いっそままよのボンカレー

大地堂の一筆——浅田良助

わたしが雑誌『谷根千』をはじめたころは、まだ大正の画家や彫刻家の霊魂が谷中あたりにふわふわと漂っていた。太平洋画会研究所にまなんだ中原悌二郎や中村彝《つね》、戸張《とばり》孤雁《こがん》を知っている人がいた。その次世代、昭和初期の鶴岡政男や靉光《あいみつ》、松本竣介などと同級生の人すらいた。画論をたたかわして、喧嘩になり一膳飯屋から外に出ろといって、谷中墓地で大立ち回りを演じた挙句《あげく》、朝になると仲よく墓地の木の根元で目が覚めたなんて話を聞いた。

大地堂浅田良助という人も伝説の人だった。だったというのはその頃すでに亡くなられて噂にしか聞かなかったからだが、言問《こととい》通りに面した小さな家には老女となった妻が、夏になっても炬燵《こたつ》に入って暮らしているのが、往来から見えた。

近所の画材店の浅尾さんの先代金四郎さんや郷土史家の加藤勝丕《かつひろ》さんのいうところでは、なんでも美校の学生が展覧会に出品する際、額縁屋の浅田良助に見せるのだそうだ。浅田はここがよくないと、ひとはけ筆を入れる。すっと線を入れる。そうすると秋の展覧会に入賞する。

おもしろいなあ、と思って、ある日、勇気を出してその老婦人を訪ねた。

聞いた話だけどね、といって、意外にあでやかな彼女は気さくに話しだした。

「うちの主人は平櫛田中《ひらくしでんちゅう》先生の娘さんのおむつ洗いや、幼稚園の送り迎えをして八年くらい、あそこにいて日本美術院に通わせてもらったの。そのときは田中さんも貧乏で、八畳一間に住んでいたから、主人は板の間に寝て、おさんどんから刃物磨ぎ、木どり、干し出しもやった。大正五年には近くの大黒天とよばれるお寺、護国院の境内で大黒さまの小さな像を作って売りにいったというの。

田中さんの奥さんは山形の人で、古漬けとシャケの頭しかおかずに出さなかった。そのせいで大きくなれなかったって。『好きなようにやれ』といわれて主人が代作したのもあったんだって。もっと早く独立したかったけど、田中先生が『もう一年待て』というので我慢してた。その代わり、その一年は口もきかなかったって。

主人が好きだったのは彫刻家の中原悌二郎さんね。美術院で中原さんはカルトンに木炭でさあっと描いて、さあっと消しちゃうんですッて。あの人は天才だ、とうてい近づけるもんじゃないと。食べるものなんかなくて、消しゴム代わりの食パンが落ちているのを拾って、木炭をはらって食べてたんだって。

中原さんのブロンズが上野桜木の愛玉子《オーギョーチ》（一言で言うと台湾ゼリー屋さん）にあるけど、あれはあそこのおばあさんが作品を作らすために食べものを恵んでいたのね。中原さんたちの仲間は、すり鉢を部屋の真ん中に置いて、残飯に味噌を混ぜて手ですくって食べていたというんですよ。中原さんは狭い部屋に煉炭火鉢をおいて、繻子《しゅす》の帯に絵を描くような仕事をして身体を傷めたのよ。肺の病気ね。

中原さんの親友の画家、中村彝はガンジーみたいな人だった。このへんに下宿していたとき、治療代が払えないんで、谷中の歯医者さんに椿だかアネモネの絵をあげた。それを防空壕からだしたらぼろぼろだったので、戦後、浅田が補修したこともあったわ。

この二人と友だちだった石井鶴三先生は偉くなられたけど、左右のバランスがうまくなかった。中原さんを尊敬して、中原は天才だ、僕の彫刻は人形だ、といってたそうです。『浅田君もこれだけ絵をかけるんだから、わしの生きているうちに彫刻でやってみろ』と励ましてくださったのだけどね。生活があってね。

道灌山下に福沢一郎先生がいらして洋画の研究所をしていた。この方は群馬の空っ風の強いあたりの出身で、日本にいたってだめだといって、パリに行って、ルーブルを見て、びっくりして帰って来たっていうの。

このあたりに住んでいた画家たちが展覧会に出品するのにいい額縁がないというのでうちに頼みに来て、主人はそのうち額縁屋みたいになっちゃってね。安井曾太郎さん、児島善三郎さん、堀進二さん、阿以田治修《あいだじしゅう》さんなんかの仕事をしてた。林武さんはご自分でもルイ王朝風のを参考に額縁を作ったの。主人と仲良くてよく遊びに来た。藝大の先生だったから『おまえもたまにはこっちに来て教えろ』なんて言ってた。教える話がなくなると主人から聞いたことを受け売りすればいいっておっしゃっていたわ。

そのうち来る人の絵を見てあげるようになって。裏の部屋に泊めて直してあげると不思議に賞を取るので、評判になってみんな来たの。結局、主人は下積みになっちゃって。賞を取った人は偉くなったけど、みんな早く死んじゃった。欲をもたないで、親を大事にすることだけを心がけて主人はどうにか生き延びたのね。作品をつくるには自分が空っぽにならなくてはいけないといって、目が見えなくなるまで外で絵を描いていましたよ。朝、ちょっと食べると一日おなかがすかないんだって。仕事で頭がいっぱいだから」

そこにかかっていた果物の絵は本当にみずみずしく、触ってみたかった。

洋画家の林武はこう書いている。

「浅田良助さんは、昔僕等に額椽を作ってくれた院展系の彫刻家で、画家のセンスとぴったりする良心的な仕事なので、皆が頼む様になり、大地堂となのって工房を谷中に持った。こうして氏は生活が安定したので、秘かに純粋に、どこでも出品もしないし、売りもしないで、油絵の製作を続けた」

これは浅田良助の『変貌で知るピカソ』という本の前書き。

その老婦人も亡くなり、家のあとはいっとき「大地堂の眼」というすてきなギャラリーになった。オーナーの溝田啄夫さんは実業家で浅田良助を敬愛していた。

「あのひとはね、僕が困っていたとき、窓から帯封の五十万円、放り込んでいったんです。だから十年間だけ恩返しで、若いアーティストを育てようと思って」

その溝田さんも亡くなられ、ここに登場した人は郷土史家の加藤さんをのぞいて、だれもこの世にいない。

故郷忘じがたし――沈壽官

冬の薩摩半島を一人でぐるりとまわったことがある。『アサヒカメラ』の「半島を歩く」という連載だった。足の向くまま事前に連絡もせず、そのとき苗代川《なえしろがわ》という窯を訪ねた。司馬遼太郎さんの小説の中で一番好きな『故郷忘じがたく候』の主人公、薩摩焼陶工沈壽官《ちんじゅかん》さんにお会いしたく、そんなことを思ったのは生涯初めてのことだった。

こころよく招き入れられ、日当りのいい部屋で待っていると、紺の胴着を着て紺足袋の壽官さんが、にこにこして黒檀の椅子に招いてくださった。ふさふさした白い髭の壽官さんは、坊津《ぼうのつ》から来ました、と挨拶すると「へゴマを見ましたかな」という。何ですか？「サソリの一種です。あれは海を渡って来たものじゃ。渡来種です」。沈家は文禄慶長の役、秀吉の朝鮮侵略の時に連れてこられた陶工の家系である。

――坊津でお会いした方が、先生はお酒が強いと言っておられました。

「いやあ、家内が死んでから一滴も飲まんようになりました。お茶で刺身を食うとあれはまずいものですな。生臭くて」

――四百年で十四代というのは、徳川二百六十年で十五代よりよほどゆっくりですね。

「後宮三千人では体力が消耗して早死にしますから。私どもは代々一穴主義ですので(笑)。まあ一代三十年なら、十四代で四百年がちょうどよいではありませんか」

――樋口一葉のお兄さん虎之助という人は、東京の芝で薩摩焼の絵付けをしていたそうです。

「それはあり得ることですな。十二代の祖父は弟を芝に派遣して一時、支所をやらせていたようです。時代を生き延びるために大量生産をして横浜や神戸でスーベニール(土産物)で売ったのです。絵付け師は現地採用でした。それがあまり薩摩らしくない絵を描くというので問題になりました。一葉さんはきれいな小川の流れるような文章を書きますね。惜しい人ほど若死にです。小松帯刀《たてわき》なんて人も二十七歳で薩摩藩家老をやっとったでしょう。肥後の人吉藩の城が焼けたので建て直す金がない。細川家に借りに行ったがけんもほろろ、そこで島津家に行ったら若い侍がでてきて、いくらいるんですか、という。これこれというと、わかりもしたとうなずく。あんたみたいな若いのでは駄目だ、上役をよんでくれというと、私が薩摩藩家老小松帯刀である、とすぐに何万両を貸してくれたという」

――先生はいくつから器をつくられましたか。

「父の仕事場にいつもいました。ろくろというのは足で回しながら斜めに力をセーブして成型するので、そうとう力がいります。小学校の五年ではじめて盃《さかずき》をつくりましたが、それを父が使ってくれるのが嬉しくてね。そのころはめいめいの箱膳でしたが、父が焼酎をぐいっとやると、するすると近づいて酌をするのが私の仕事でした。焼酎を薄めて飲む輩《やから》がでてきて薩摩には男がおらんようになった、というのが父の口癖でした。

客が来ると鶏をさばく、それも男の子の仕事でした。十五歳くらいの時でしたろうか、鶏に包丁を入れ、ささみのところを口にくわえてぐいっと取り出し、刺身にした。あとは母が煮付けましたが。それが男の子としての生きる場だった。同級生と遊んでいると父は機嫌が悪い。せめて三つか五つは上のものと遊ばないと成長しないというので、いつもお兄ちゃんたちと遊んでいました。

父は戦前の京都帝大を出て、ドイツ語ができました。私も少年時代から教わった。ドイツの外交官がうちに立ち寄ったことがある。県庁で、『日本は奥が深い、ドイツ語で土地の歴史を語る陶工がいた』と講演したそうです」

——先生は進路を迷われませんでしたか。

「中学の頃は戦争へ入るとばくちでした。アメリカがそこまで来ているとき、俺はどう生きるべきか、いやしくも薩摩藩の士族、われわれは韓《から》から連れてこられて士分の扱いを受けており、戊辰戦争では九十何名か、この村から出て行った。その時父が言いました。人間には二つの生き方がある。動物は敵を蹴散らして運命に逆らいながら道を作っていく。植物は与えられたところに住んでこのまま春も来ずに枯れていくのかと思ってもじっと堪えている。俺自身、京都帝大を出て栄達の道もあったが、それでは三百数十年前に連れてこられた先祖の足跡が消えてしまう。そう思って帰って来た。おまえも俺の子ならばこの地に生きてくれ、と。

やがて戦争がおわり、私は村に医者がいないのでとにかく一人はなってくれと、集落のみんなに頼まれて、鹿児島大学の医学部にはいりました。そのくらいの成績ではあったんでしょうな。が戦争がおわると軍医上がりの医者が来たもので、今度は村に二人の医者がおってはよいことは起こらんのでやめろと父はいう。体から心がどうして生ずるのだろうか、人体の構造のふしぎには惹かれましたが、それほど医者にはなりたくなかったので、やめて早稲田にいったのです。父は月に一万円仕送りしてくれました。それを稼ぐにはどれほどたいへんか、分かっておったので進駐軍の皿洗いをしながら大学へ通いました。

東京へ行くとき母が言った。不安できょときょとしとったんでしょうね。『井の中の蛙、大海を知らず』という言葉。あれには続きがあって『されど天空の高きを知る』というのだと。大きな海は見たことがないけれど、空の高さは知っている。その言葉に落ち着き、励まされましたね。母は鹿児島の女高師をでて小学校の教師をしておった。母が死んだ時にはかつての教え子が柩《ひつぎ》を担がせてくれとたくさん来ました」

初めて来た旅の者に長らく話をしてくださったのに、その時は紙幅がなく数行しか書けなかった。せっかく聞いたお話がもったいなく、もうしわけなく、十年してここに残す。何よりすでに亡くなられた司馬遼太郎さんの小説の主人公がお元気で、ニコニコされているということがありがたかった。ここに描いたこともほんの一部だが、歴史と伝統の中に生かされているということ、親の教育などが母であるわたしにしみた。

司馬さんの作品では薩摩弁を使われていましたね、というと「あれからもう長いことたって忘れましたな」といいながら、帰り際に「風邪ひかんごと、なされよ」と土地の言葉で気づかってくださった。冬の鹿児島は意外に寒かった。

海の切れはし——森家の人びと

心事想成という言葉がある。これを堅く信じている友人がいて「思ったことは必ず叶う」「会いたいひとには必ず会える」とその日を待っている。わたしも不思議な出会いが多いほうだ。

須賀敦子と縁のあった人に、いままで何人も出会った。なかには、電車の中で失職したことを話したら、須賀さんに「すぐ履歴書を送ってね、なんとか考えるから」といわれた人もいる。須賀さんらしいなあ。感染症研究者の知人は、ある病院のロビーで女性の患者さんと話が弾んだ。「あるヴェネツィアの島が感染症の患者を隔離する島だったことを詳しく話してくださったの、ただものではなかった」と言うのを聞いて、まさか新宿の国際医療センターじゃないでしょうね、というとまさにそこだという。それは須賀敦子といって有名なイタリア文学者よ、現代詩の研究者で翻訳も随筆もすばらしいわ。

石巻は今回の震災でもっとも被害の多かった町である。地震前は人口十七万人、三千人以上の人が亡くなり、被災して出ていった人もいる。市街には注目が集まり、タレントの石原軍団なども一週間、焼きそばを焼きにきたりしたが、広域合併されたはじっこの方はまったく手が届かずにいた。旧雄勝《おがつ》町、旧河北町、旧北上町などは町が消えたままだった。

北上町に熊谷秋雄さんという茅葺き屋根を手がける友人がいる。北上川の河口のヨシを刈って日本中の文化財を修復している。この社屋や家も流された。対岸に長面浦《ながつらうら》という内海がある。そこに牡蠣の養殖をする坂下健さん、民宿のんびり村を経営する清子さん夫婦がいる。いずれも旧知の人であった。

一ヶ月後の四月にお見舞いに行った時、熊谷さんはプレハブで社屋を建て直し、自分は避難所に住んで仕事を再開していた。坂下さんにもお見舞いに行きたいというと、「新北上大橋が落ちてしまっているし、途中の集落は津波にやられ、道路もインフラもひどいし、いま誰も住んでないよ」ということだった。それで市内のアパートにおられた坂下さんをお訪ねしたのだが、その時もだんなの健さんはどうやってか海に行って働いていた。

十一月に再訪したとき、新北上大橋は応急処置がされ、道も改修されていた。長面浦は海との間に山があり、それが防護壁となって集落は比較的損害が少なかった。五台のうち奇跡的に流されなかった三台の筏で健さんは今年も見事な牡蠣を育てていた。

そこに応援に来ていたのが吉成麻子さんという元気な女性。四人の子どものお母さんで、なんと滋賀県の栗東《りっとう》から独り、車を運転して来たのだという。以前からのんびり村のファンで、坂下さんの応援にもう何度も来ているらしい。いっしょに近くの温泉に泊まった。「森さんは須賀敦子さんをご存知なんですよね」といいだす。ええっ。「母の先輩で、わたしたち彼女をガスとよんで、かわいがってもらいました」。

話しているうちにおばあさまが小堀杏奴さんだとわかった。「ということはあなたは森鷗外のひ孫さん？」「そうです、祖父と祖母は世田谷の古い洋館に住んでいました」。なんと奇遇であろうか、『鷗外の坂』が主著であるわたしが、石巻尾の崎の被災地でたまたま森鷗外のご子孫と出会うなんて。

しかも一年前、わたしはみすず書房の小堀杏奴『のれんのぞき』の解説を書いたところだった。そのとき息子の鷗一郎さんからメールをいただいた。それは生前の母上がわたしの贈った『鷗外の坂』を読まれて、著者の登場人物に対する目がやさしい、と感想を言っておられたこと、母はお礼状を出したのでしょうか、というものだった。これも奇遇である。鷗一郎さんは麻子さんの父上である。麻子さんは一年で食べられるほど大きくなった牡蠣を「強運の牡蠣」と名を付け、少しでも売れるように協力されていた。

十二月十二日、わたしたちも東京で坂下夫妻の育てた強運の牡蠣を味わう会を催した。

それに協力してくれた友人たちとご苦労さん会をかねて房総半島に行った。大原のちかくに森鷗外が別荘を持っていたことをふと思い出し、探してみた。日在《ひあり》という在所で、あちこちの店屋で聞く。県道を一本はいると、イヌマキの生け垣のしずかな美しい別荘地である。迷い迷ってやっと見つけた森という表札のそばには車があった。

「どなたか、見えているようだよ」と同行のAさんが図々しくもピンポン。開けたとたんに「あ、森まゆみさんでしょう。どうぞ、お上がりになって」とスリッパをそろえてくださった。

鷗外の末子・類さんのお嬢さん、五百《いお》さんだった。五百とは鷗外の『渋江抽斎』の主人公の賢妻の名である。

――森鷗外は親友の耳鼻咽喉科医・賀古鶴所《かこつるど》の近くに鷗荘を建てたのですね。

「はい、でも賀古さんの鶴荘がどこか、今ではわからないんですの」

――この建物は鷗外さん時代のものではないのでしょうね。

「最初は和風の小さな木の家でした。井戸のあとは残っています。住み込みのじいやが管理していて、そこに川があるので、海のほうに渡る時は舟で行ったようです」

――鷗外先生はここによく来られたのでしょうか?

「いえ、忙しかったので、そう何度もは。鷗外の母の峰がたまに来たようですね」

――そのころは汽車でしょうか。

「外房線の三門《みかど》について、十五分くらい荷物を持たせて歩いたらしいですね」

――鷗外の末っ子類さんは画家・安宅《あたか》安五郎のお嬢さん、美穂さんと結婚されています。そうすると五百さんのおばあさまが尾竹福美さんで、大伯母さんは平塚らいてうと明治の末に雑誌『青鞜』を出していた尾竹紅吉ということになりますね、富本憲吉夫人となった。

「ええ、男まさりのおもしろいおばさんでした。さあ浅草に行くよ、なんて帯の間にお札を詰め込んで、こどもたちにおすしを大盤振る舞いしてくれました」

五百さんは団子坂の上に父上類さんが開いていた本屋さん千朶《せんだ》書房の写真なども見せてくださった。二階の窓からは太平洋が見渡せる。鷗外も見た海の風景。どんなに波がこわくてもわたしは依然、海恋だ。そしてトリエステの霧の窓から見える海の切れはしを愛した須賀敦子のことも、青い海の上に、空の上に重なっていった。

谷中墓地で会った方たち——萩原延壽ほか

昨年秋、島根県立大学に一コマ授業をしにいったら、事務の方に「副学長がお会いするのを楽しみにしています」といわれた。さてどなただろう。仕事が終わって控え室に顔を出されたのは飯田泰三さん。丸山眞男門下の政治学者である。「えっ、ここにいらしたのですか」「僕は島根の江津《ごうつ》の生まれなんですよ」。

それでかすかに思い出した。ずっと前、岩波書店にいらした竹田行之《こうし》さんに頼まれて、谷中墓地のご案内をしたことがある。福沢諭吉協会の方たちがたくさん来られた。三十になったばかりのわたしは、自転車の荷台に自分の雑誌『谷根千』をのせ、販売しながら案内した。おじさまたちはみな、ポケットから小銭を出して、貧しいわが小冊子をちゃんと買ってくださったのである。

福沢と同世代の明六社の阪谷朗廬《さかたにろうろ》、中村正直の墓。『日本開化小史』の田口卯吉の墓。自由民権関係では福島事件の花香恭次郎の墓、越後高田事件の赤井景韶《かげあき》の墓の裏には河野広中《ひろなか》の甥広躰《ひろみ》の文がある。清廉をもって知られたのに、なぜか自殺した大審院長玉乃世履《たまのせいり》（よふみ、とも）の巨大な墓。

みんなが一番喜んでくださったのは福沢が愛し、娘をやりたいとまで高く買った馬場辰《たつ》猪《い》のお墓を案内した時だった。

「馬場は土佐藩士の息子で自由党の輝ける論客、演説会でも活躍しましたが、『ダイナマイトは売っているか』とたずねただけで爆発物取締罰則違反で逮捕、アメリカに亡命するも肺結核で三十八歳でペンシルバニアで客死しました。これを看取った岩崎弥太郎の子岩崎久彌がオベリスクの墓を現地に建てた。そしてだれか馬場を愛する者が、東京は谷中のこの地にちいさな石の塚を建てました。これも残っています。のちに弟の馬場孤蝶、この方は樋口一葉の友だちでしたが、兄の墓をペンシルバニアそっくりに建て、自分の墓も同じように並べております」

わたしはいい気になって説明した。

そこで「一緒に写真を写しましょう」といわれたのは、後で考えればまさに名著『馬場辰猪』の著者、萩原延壽《のぶとし》さんなのであった。『遠い崖』というアーネスト・サトウの伝記を、そのころ朝日新聞に連載しておられた。釈迦に説法とはこのことだ。ほかにも金原左門さん、飯田泰三さんはじめ、政治学の錚々たる学者ばかりなのであった。久しぶりに飯田さんと会って、その赤面するような思い出を語り、大塚久雄やウェーバーに話がおよんだ。

谷中墓地をご案内したことがきっかけで、銀座の交詢社の昼食会で話をしませんか、とお招きを受けた。ここは銀座六丁目一本奥の通りにあって、近代建築マニアのわたしとしては一度は入ってみたい、と思っていたのだった。その一心でお引受けして当日、『鷗外の坂』なる拙著を担いで行ってみると、写真で見るオックスフォード大学の食堂みたいなところに三百人の紳士たちがざわめいていた。明治十三年に設立されたイギリス風の倶楽部で、設立同人には福沢諭吉、馬場辰猪のほか、谷中墓地に眠っている菊池大麓東大総長、早稲田の創始者小野梓などもいる。

そのころ赤貧を洗っていたわたしには晴れ着一枚なく、普段着に毛のはえたような服で話をするのはかなり気が引けた。ところが食事のとき隣りに座ったハットリさんとイシカワさんが何かと気を配って話しかけてくれ、冗談もおっしゃるので、スピーチするころにはすっかり気持ちもほぐれていた。とはいえ、ここの社員には一人も女性はいないのだろうか。

「森鷗外は官僚的で冷たく、夏目漱石のほうが好きという方もいらっしゃいますが、この比較論は桃とりんごとどっちがおいしいかというようなもので、わたしはどちらもおいしいと思います」と、森鷗外の『サフラン』『カズイスチカ』など随筆のすばらしさにも触れた。

おわってイシカワさんが、締めの挨拶をなさった。「鷗外と漱石、どちらが好きかといわれれば、僕が好きなのは……昔からずっと鷗外ですね」とおっしゃるとどっと沸いた。あとで名刺をいただき、イシカワさんは元慶應義塾大学塾長、中国政治史の石川忠雄さん、ハットリさんは服部セイコー社長服部礼次郎さんと知った。

野蛮をもってよしとするワセダを出たわたしは、ケイオー文化というものに疎いが、こういう紳士たちがおいでになるのはいいなあ、と思った。ノーブレスオブリージュというのか、この寛容と礼節。ここでスピーチしたためか、わたしの名が翌年、交詢社刊の紳士録に掲載されたのは御愛嬌だったが。


あと一つ、冷や汗の思い出。これも四半世紀前のこと、「全国地名保存連盟」という団体から会合をやるから来ませんか、と招待された。当時わたしは「全国町並み保存連盟」に所属して、明治の上野奏楽堂や大正の東京駅の保存運動に駆け回っていた。行ってみると、交詢社とは比べ物にならない区民会館みたいなところだが、面々の発散する知的オーラは勝るとも劣らない。『わいふ』編集長田中喜美子さんが唯一の知っているお顔だった。またそこで、わたしはすばらしい町名、谷中天王寺町、茶屋町、初音町、真島町がなぜ谷中一〜七丁目になったのか、根津藍染町、八重垣町、須賀町、宮永町が不忍通りで根津一、二丁目に分けられたのか、を一席述べた。

「向ヶ丘弥生町も根津三丁目になるところでしたが、サトウハチローさん、法学者の団《だん》藤《どう》重光さんたち住民の手で守られました」

するとと恰幅《かっぷく》のいい白髪の男性が「あのときは東大の考古学研究室もずいぶんがんばったものだ」とおっしゃった。後で伺うとわたしが高校のころ読んだ『承香殿の女御』の著者・角田文衛《ぶんえい》さんであった。すかさず「大学の塀の中の動きまで森さんにはわからないよ」と磊落《らいらく》にかばってくださったのが、岩崎久彌の甥で、吉田茂のブレーンといわれた銀行家の木内信胤さんであるとは、これもあとで知った。木内さんは麻布の狸穴《まみあな》という地名を守った方だそうだ。ロシア大使館のあるあたりはその昔、紀州徳川邸だった。

すでに萩原延壽氏も石川忠雄氏も木内信胤氏もこの世にはおられない。あの歴史的な交詢社の建物も取り壊された。その後、岩崎久彌の伝記を某誌に連載が終わりながら、一向に決着のつかないわたしとしては、もっと話を聞いておくのだった、と悔やまれる。しかしそのときの人々の風韻はいまもわたしの記憶に残る。

背中を流す

一日家でパソコンの前にいて、きょうは一度も外に出ていない。体がかたまったような気がするなあ、とおもったら娘が帰って来た。「散歩がてらどこか行こうか」「じゃ、お風呂に行こう」。すぐ話はまとまり、タオルと石けんを袋に入れて、坂下の富士見湯へ。

少なくなったとはいえ、夜遊び先としては銭湯はいい。ニュータウンには銭湯や居酒屋もないだろうな。なんていいそいそと立派な唐破風《からはふ》の入り口をくぐると、花瓶にいっぱい春の花が挿してある。わあきれい。番台のおばさんに小銭を渡すと、「今日は文京区民なら百円の日です」といわれた。娘が住所のはいったカードを持っていたので、わたしも百円でお目こぼしとなった。どうりで入り口の自転車がきょうはやたら多かったわけだ。

こどもの頃、前の松竹湯に通っていたことがかすかに憶い出される。都電二十番線の線路を越した向こう側。脱衣場にはラタンの丸い籠、縁側の外には岩で滝が出来ていて、小さな池には鯉や金魚が泳いで、それをいつまでも見ていた。大きな富士山の背景画、天井は湯気で曇っている。湯から上がって母が妹のおしめを替えている間、風呂屋のお姉さんがシッカロールをはたいてくれた。

富士見湯の番台は昔のまま、木の枠が客の手で触れるせいか、ぴかぴか光っている。高い格天井の下で服をぬぐ。ラタンの籠はなくて木のロッカーだ。今日は漢方くさい薬湯のほか、電気風呂、バブル風呂もある。背景画はタイル。常連のおばさんたちがおしゃべりしながら洗い場で背中の流しっこをしていた。

憶い出す。大人になって初めて流してもらったときのこと。あれは地域雑誌を始める前だから一九八二年かなあ、赤ん坊の娘を夫に預けて、女性史家井手文子さんの信州の山小屋に行ったとき。木でできた面白い形の別荘だった。そこに不二出版の大正美人のような山本さんとか、田中正造研究会の声のいい志村さんとか、朝日で英字紙を編集している鈴木さんとか、たくさんの女たちが集まった。その中で平塚らいてうや伊藤野枝の伝記を書いた井手文子さんが、少女のようにはにかんでいた。

お風呂がわいて、「誰か最初に入りなさいよ」といわれ、わたしは中野理恵さんと入ることになった。懐かしいような檜の風呂だった。いきなり「背中流してあげる」とリエさんがいった。「赤ちゃんいるんじゃ、なかなか背中洗う暇がないでしょ」。リエさんは石けんをつけたタオルでごしごし、わたしの背中をこすり、さいごにタオルをぺたんと背中に貼り、そのうえから少し熱めの湯をゆっくりかけた。うわ、なんて気持ちいいんだろう。

その夜、女たちの話はどこまでも続き、わたしは久しぶりの解放感に酔った。リエさんが一番よくしゃべり、みんなを笑わした。それはフェミニズムという以前の、ウーマンリブに近いところにいた仲間たちとのシスターフッドにあふれた夜だった。中野理恵さんはいまはパンドラという映画配給会社の社長になって、試写会ですばらしいコートを着、革のビジネスバッグを持ってさっそうと現れたりするが、わたしにはあのTシャツにジーパンの少年のような姿が目に焼き付いている。起伏のあるつきあいだが、背中を流してくれたことは感謝とともに忘れない。

それから二年、わたしは地域雑誌『谷中・根津・千駄木』をべつの女の仲間ではじめ、おたがいの子どもを育て合いながら自転車で雑誌を配って歩いた。このときも町の女たちの有形無形のシスターフッドに助けられた。赤ん坊を連れて取材にいったわたしがおじいさんに話を聞いている間、ずっとあやしてくれ、おむつを替えてくれたおばあさん。

あんまり次々赤ん坊が生まれるので「あんたたち、子ども産むのと雑誌つくるのとどっちが本業なの？」とあきれながら総菜の売れ残りをくれたおばさん。「臨月のおなかで自転車乗っちゃだめよ」と長屋からとび出してはらはらしてくれた噺家《はなしか》のおかみさん。「私

も この町じゃずいぶん足を引っ張られたからね。あんたたちだけはうまくいってほしいわ」と毎回十冊買い上げてくれた根津のスナックのママ。

そのうち世の中はバブル景気となり、庶民の住むこの町にも地上げ屋がはいって来た。不忍通りに古くからある服部さんのタバコ屋さんも、五軒長屋のうち四軒までを地上げ屋が買いとり、端から壊して、壁の養生もせず青いビニールシートをかぶせていた。それでも服部さんは頑として土地を売らなかった。

「先祖伝来の土地をいつ売ろうと売るまいと、私の自由だ。他の方はお年を召して、高く売って郊外の日当りのいい家へ移る、それもいいでしょう。でも私にはまだ小学生の子もいますし、ここで仕事をなくして、引っ越しするわけにもいかないんだ」

わたしたちも義憤にかられて服部さんを応援し、雑誌にも書いた。それを読んで読者は店に買い物に行ったり、激励に行ったりした。中には自分の土地が地上げされるので相談に行った人もいた。わたしの撮った写真が通行地役権訴訟の証拠にも用いられ、服部さんは勝訴。

ある夜、近くの大菊の湯に行くと、色白のきれいな服部さんの奥さんが、あら、と挨拶した。「森さんもお風呂に来るんですか、お背中お流ししましょう」。たしかに住んでいたアパートに小さなユニットバスはあった。それがまるで棺桶のようで、わたしはたまにあちこちの銭湯に行ったものだが、奥さんと裸で会うのは初めてだった。ちょっと躊躇したが、わたしはありがたく受けた。これが下町の女同士の付き合いだと思って。

銭湯に行くといろんなことを憶い出す。ぼんやりしていると、娘が「お母さん、そろそろ出よう」という。ちょっと待って、とはじめて大人になった娘の背中を洗ってやった。

風呂から上がって、外は寒いからと何枚も服を重ねていると、ピンクとグリーンの派手な若い二人連れがやってきて何枚もぬいでいく。韓国語を話しながら。本当に今年は寒い。「風呂代百円で得したからビール一杯飲もうか」と娘と二人、湯気を立てて薬師坂をのぼっていった。

バーの止まり木　――種村季弘

先日、ある編集者が、「そういえば、銀座のバーで、あのあたりに顔がきくおじいさんに会いましたよ。森さん、僕のこと覚えているかな、と言っておられました」。記憶をたぐった。そうだ、Tさんに違いない。そのころはおじさんだったけど。クリスマス・イブの日、わたしはYというアナキストの年上の友人に誘われて銀座に行ったのだった。長いこともお金もないわたしは新宿のゴールデン街も知らなかった。もちろん銀座のバーも知らなかった。

大学を出て銀座に勤めていた時、それは大手企業のPRを代行する会社だったので、媒体、つまり記者たちの接待にバーに連れて行かれたことがあった。もちろん二十二歳のわたしはホステス代わり。赤いドレスに濃い化粧をした本業のホステスさんがいるので、とても居心地が悪かった。彼女たちの職域をおかすような気がして。

翌日、上司に「森くん、昨日のツケを払って来てくれ」といわれ、すぐそばの喫茶店で待ち合わせした女性は歯も欠け、眼鏡をかけ、頭にネッカチーフを巻いてひどく所帯染《じ》みていた。まさか。これが昨日の赤いドレスのあでやかな女性と同一人物とは思えなかった。女は化けるものだな、人ごとのようにそんなことを思い出しながら、Yの指定するバーに赴いた。とくに文壇バーというのではなかった。

Yさんは大正末の白山の南天堂のことを調べているわたしに、いろんな資料や人を紹介してくれた。「きっとあなたもどこかにアナキズムに呼応するところがあるんだね。しかしこれは逃れられない泥沼になりますよ」。今夜はアナキズムには関係ないが、ドイツ文学者の種村季弘さんに引き合わせてやろうというのだった。種村さんは大学教員となるまえ、光文社で『女性自身』の編集やライターをしておられ、そのころYさんとは仕事仲間だったそうだ。

杯が進むうちに「へえ、そのころは何枚くらい原稿を書かれたのですか?」と聞くと、少し白髪が増えて写真より渋い感じの種村さんは「八百枚くらいかな」という。年間で?「いや、月産です」といわれ、ひと月三十枚書くのがやっとのわたしは絶句した。

そこには森鷗外の孫という方も来ておられた。ちょうど『鷗外の坂』を書いたあとだったので、恐れ入って挨拶をした。鷗外の子どもたちはみな、父について本を書いており、遺族に会うと書けなくなることも多い、と思ってインタビューはせずに、資料だけで本を書いたのである。「あなたが本を書いてから、同じ苗字だから親戚ですか、とよく言われますよ」とおだやかにおっしゃり、「じゃあ、これからは義兄弟ということにしましょうか」とグラスを合わせてくださった。

その間、顔ききのTさんはなにかと気を配ってホステスさんにつまみや酒を命じ、座を盛り上げようと努力されていた。銀座のバーに馴染んでいるようであり、しかしその場を壊さない、知的な感じもあった。Yさんがささやいた。「彼ももとはわれわれの仕事仲間でね。大学も博士課程までいったんだが、おやじの遺した不動産を管理するうちに、こっちの仕事に鞍替えしたんだ」。様子ではこのバーも彼の賃貸物件であるらしかった。

そのうちカウンターの中から丸いケーキが持ち出され、ママが十二時だからキャンドルを点《っ》けましょ、といって「きよしこの夜」が流れ、みんなで声を合わせた。「ゆーめやーすくー」とうたい終わるとキャンドルが消えて真っ暗になった。そのとき隣りにいたTさんはわたしの手をそっと握った。あ、とわたしは腰を浮かし、それが反対側にいた客を刺激した。さっきからの振る舞いを、その客は快く思わずにいたようだった。

「妙なまねをするな！」とその男が立ち上がり、カウンターのママが「きょうはクリスマスなんだから、なんだから」とくりかえしなだめる。その客はふいと出て行ったが、灯りがつくとなんだか白けた感じになった。

何ヶ月かのち、朝早く、「種村です」と低い声の電話があった。何で種村さんがわたしなんかに電話をかけてくるのだろう。「Yが亡くなりました。一番最後に一緒にいたのはあなたらしいので、何かご存じではないかと思って」。そういえば、根岸の鍵屋で飲んでいた。あの店は女だけでは入れてくれないので、連れて行ってもらうのは嬉しかった。しかしそれ以上のことは知りません、そう伝えた。

Yさんという人の人生もまた、数奇であった。妻であった方から「バーの止まり木にぼんやりしているような一生だったのでしょう」というようなお手紙をいただいた。彼の所在なさを、暮らしを共にした人はよくとらえているものだと思った。以上のわたしの記憶もいかにもぼんやりしている。現実のようでもあり、夢のようでもある。わたしはYさんにいただいた資料や縁をまだ仕事に活かして恩返ししていない。そして三回ばかり行き違った、怪物や迷宮とともに温泉と浅草が好きだった種村さんも、いつかいなくなってしまわれた。

Ⅱ　町で出会った人

木下順二さんのこと

地域雑誌『谷中・根津・千駄木』を始めるときに、向丘の高台に劇作家として有名な木下順二さんが住んでおられることは知っていた。わたしも随分昔に木下順二作、山本安英と宇野重吉の『夕鶴』を見たことがあった。でもわたしたちは「普通の人の生き死に」を記録する雑誌だし、有名な方には町に住んでいる時くらい、静かに暮らしていただきたいと思っていた。

ある時、本郷のペリカン書房の品川力さんの紹介だったか、一度、木下さんの芝生のある、いかにも知的なお住まいをお訪ねしたことがあった。品川さんは木下先生が顧客で、資料本などを届けによく来ているそうだった。壁にびっしり本が詰まっていて、ばあやさんのような方が、お茶を出してくださった。『本郷』という著書によれば、木下家は熊本の名家だが、木下さんは学校以来、本郷台町などに下宿したそうだ。馬が大好きで『ぜんぶ馬の話』という本まで書かれていて、その本にサインをしてくださった。

自転車で『谷根千』を配達していると、木下さんと山本安英さんが夕日の中を歩いておられるのを見かけた。なんだか神々しいお二人であった。目上の方だから、こちらは自転車を降りて挨拶するのだが、そうすると木下さんは、シャツにズボンに下駄という、まるで書生そのもののスタイルで「ははは、いま散歩をしているところです」と照れたようにわらった。

鷗外図書館の木下さんの講演に行ったところ、「不眠症になった時にトルコ風呂を覚えた」という話があり、わたしは「え、木下さんでもトルコ風呂に行くのか」とびっくりしてしまった。相棒の山﨑範子は「え、これだから男ってやだ」と思ったらしい。次に木下さんに会ったときに、「実は文京ケーブルネットワークから問い合わせがありましてね。僕はサウナ風呂と言ったつもりでしたが、本当にそんなことを言いましたか」とおっしゃった。

水のような淡いおつきあいだったが、木下さんは不忍池の地下に駐車場ができるという話のあった時に、フラッとわたしたちの集会に来てくださったことがある。わたしは「今日は木下順二先生も見えています。何か一言」とお願いしたのだったが（これが市民運動家のいやらしいところ）、木下さんは手を振って「今日は勉強をしにきたんですから」とついに発言されなかった。それでも何度か、わたしたちへの応援の随筆などを新聞に寄せてくださった。

今となっては、『本郷』『ぜんぶ馬の話』など、いただいたサイン本を大事にするほかはない。

谷中で戦争を語りつぐ会

地域雑誌『谷根千』を始めた当初、本当にたくさんの人にお世話になった。三崎坂の途中で和菓子の「ひぐらし」をやってらした田邊武さんも恩人の一人である。だいたい、わたしが高校のころ、同級生と夏の暑い日に谷中を歩いた日、ふらふらとこのお店に入って、田邊さんのご両親に赤いシロップの冷たいジュースとスイカをご馳走になっている。そして、『谷根千』には三号からずっと広告を出し、お店にも置いてくださっていた。

「ひぐらし」は最初、道の反対側にあった。越したのは空襲の後だ。

「おひな様をしまおうかなあ、という日に空襲があっておひな様どころか、家が爆弾でやられたと聞きました。大円寺さんも防空壕がやられて当時のご住職はじめ、たくさんの人が亡くなった。父は警防団の団長で、大円寺の本堂の縁の下に入って助かった。下谷区の遺体は両大師橋に並べられたそうです。アメリカ軍は厚木あたりの軍事施設に落とすつもりのところ、視界が悪いのであきらめたらしいね。グアム、サイパンまで爆弾を持って飛ぶのは重いので、帰りがけの駄賃に谷中あたりに落としたということでした。私たちが疎開したのは福島の温泉地ですが、子どもより疎開先の猫の方がいいものを食っていた。いまだにネコマンマを食べたと言われる。戦後、不忍池を田んぼにしたが、一部の人が収穫を隠匿したというので、翌年から田植えはしなかったとも聞きました」

田邊さんは成長して、岡本文弥さんたちとベトナム反戦運動を地域から考える「谷中・聞く会」を主宰していた。そのチラシをアルバムに整理したものを「これも森さんが持ってた方がいいでしょう」といただいている。「台東九条の会」の中心メンバーとして、三月四日の空襲を語り継いでこられた。

もうお一人、和田章子さんも、やはり台東九条の会の中心メンバーで「谷中で戦争を語りつぐ会」を開いてきた。元中学の理科の教師。父上は共同通信の戦前のベルリン特派員、戦後は主筆で、ボーン・上田記念国際記者賞の選考委員長も務められた萩原忠三さんである。和田さんはふっくらした体型に黒いカーディガンを羽織って、髪の毛は長い三つ編みで、まるで少女のようだった。しかしやわらかな雰囲気に似合わない、剛毅で鋭い言葉が飛び出してくる。

「私は六年生、リュックを背負って夜の七時に校庭に集合、上野駅まで歩いて夜行で会津に集団疎開しました。先生のハンコがある葉書には忠君愛国の優等生の文を書いた同じ子がこっそり『おなかがすいた。早く帰りたい』という葉書を出しています。夜脱走して、線路伝いに東京まで帰ろうとした子もいました。終戦後、十一月にやっと帰ると日暮里駅の高台から向う側は何もなかった。浅草の松屋の建物だけ残っていました」

和田さんは玄関の前にある井戸をことのほか大事にしていた。それは三月四日の空襲で、その井戸水をバケツリレーして近所の火を消しとめたのである。「私たちの経験を子どもたちに伝えたい。そうしたら絶対、戦争は嫌だと思うでしょう」。

このお二人も、もうこの世にはおられない。

弥生町の青木誠さん

二〇一一年に弥生町会長を務めた青木誠さんが亡くなられた。明治維新後、向ヶ丘弥生町を芸州浅野家が屋敷とした時に、その借地借家の差配を務めた家の方である。東大の弥生門に近いので、多く東京大学の先生方が住んだ。坪井九馬三《くめぞう》、太田博太郎、辻村太郎などの名前が資料に残っていた。

青木さんとはたまに上野あたりに飲みに行った。下谷の花柳界があったあたり、自転車であとに続くわたしに左手で合図を出し、スイッと曲がって焼鳥屋で飲むのが好きだった。「浅野地区」にある東京大学の原子力研究所のことを大変心配していた。ここも何度か放射能漏れや事故を起こしている。放射性物質を扱っているという危険マークが構内のあちこちにあった。一九八八年頃、東大では医療用ラジウムなどを医学部の中庭にポンポン投げ捨てていたことがニュースになり、『谷根千』でも取り上げた。

ところが東京大学は常に「安全神話」を繰り返すだけで、きちんとした説明をしなかった。文京区も東京都も、「東京大学が大丈夫と言っているのだから大丈夫でしょう」というような権威主義的な対応で話にならなかった。

青木さんは長らくこの問題に取り組んでこられたが、何をしても無駄で、焦燥感を募らせていた。わたしたちは友人のアイソトープの専門家に青木さんを紹介し、相談に乗ってもらったりした。その人は「例えば東大で放射線治療を受けた患者がバス停で待っていたら、それだけでも周辺はかなり被曝するはずです」と言った。

3・11後、ようやく、事の重大さがわかって、台東区の保坂三蔵元議員も青木さんに会ってくれたそうだが、「そのことから主人は言葉が少なくなって、頭の具合も少し悪くなったようです」と奥様。東京電力福島第一発電所の過酷事故はどんなに青木さんにとってショックだったろう。何度も電話をいただいたのに、忙しさにかまけて期待に応える活動ができなかったことを反省する。

青木さんは黒澤明の映画「生きものの記録」の、ビキニ水爆実験に慄《おのの》いた町工場の社長のような、きわめて感受性の強い人で、わたしたちがただただ鈍かっただけなのだった。

町の兄い 岩崎寛彌さんのこと

岩崎寛彌《ひろや》さんにお会いしたのは東大の同期生、粕谷一希さんのご紹介ではなかったかと思う。『東京人』で湯島の岩崎邸を特集する際だった。寛彌さんは経済学部を卒業、三菱銀行のニューヨーク支店などに努め、当時は東山農事という会社の社長、つまり、小岩井乳業の経営者であった。

その頃、国は東京一極集中を避けるとして一省庁一機関の移転を奨励し、法務省は湯島の高台にあった司法研修所を朝霞に出すことになった。そこは元はと言えば、岩崎久彌邸一万坪の中にあった。コンドル設計の洋館は国の重要文化財になっていたし、和館の方はその一部だけが残されていた。

跡地の利用を巡って、台東区にはゴミ焼却場がないことから、ここの地下に建設が浮上した。しかし、近くには東京大学、順天堂大学、東京医科歯科大学などの病院や医療機関も多い。そこに今更ゴミ収集車が集中し、また病院の近くでその焼却の煙や灰が出るのは好ましくないと地元町会からも反対運動が起こり、わたしたちも加わった。

そもそも岩崎邸は江戸時代は越後の榊原邸であり、彰義隊の上野戦争ではこの高台から上野をめがけてアームストロング砲が打ち出されたという。その後、人斬り半次郎こと桐野利秋の邸から牧野伸顕の邸になり、さらに明治二十年代に三菱三代目社長、岩崎久彌邸になったものである。

この時、久彌の孫にあたる寛彌さんもこの件を憂慮された。おそらく祖父久彌の膝下に育ち、この屋敷にも数々の思い出があったのだと思う。

このことがきっかけで親しくなり、弥生町のサトウハチロー記念館の保存問題のとき、岩崎さんは文京区役所に応援で気軽に同行してくださった。当時の区議会の議長は岩崎さんに「あんたも文京区民なの？」とぞんざいに聞いた。はいそうです。「いつから文京区にいるの？」。えーと、三、四代前、明治の二十年代からおりますかな、などと真面目に答えられるので、わたしは笑いをかみ殺すのに苦労した。

私人としての岩崎さんはとても磊落《らいらく》な方で、ネクタイもせずジャケットを着て、足にはスポーツシューズを履いておられた。だから区職員も近所のおじさんに見えたのだろう。お酒も強かった。何度か、行きつけの湯島切り通しのシンスケでご一緒したが、ここはかつては岩崎家に主人を送って行った車夫馬丁の溜まり場だった。

店主の矢部さんが岩崎さんをからかって「やあ、日本一の大泥棒」なんていうと、岩崎さんは「だから全部返したじゃないか」とお銚子を傾けた。これは富豪の富の蓄積のこと、財閥解体のことを言っているのかな、と聞いていて面白かった。岩崎さんに奢《おご》ってもらったことはない。利害関係は作らず、自分が好きなつまみで好きなだけ飲むというのが、気持ちが良かった。岩崎さんはほとんど毎日、シンスケにいて「御前」と呼ばれていた。

ある時、岩崎さんが「なんでも一ついうことを聞いてやる」と言ったので、シンスケの若大将が「じゃあ、うちの親父を十時以降、家に帰してください」と言ったら、しばし沈黙して「それだけはダメだ」と言ったそうである。大将は店が看板になると、そのあと岩崎さんと別の店で遅くまで付き合っていたという。

よく光る眼、ユーモアの漂う口元、髪の毛は角刈り、着流しの方が似合いそうだった。「いや、なに、町の兄いですよ。人生で大事なことはみんな出入りの職人に教わってんですからね」という言い方が粋で、カッコ良い。

そういえば、不忍池の地下駐車場反対を掲げるわたしたちの『谷根千』事務所に、岩崎さんが運転手付きの車で見えたことがある。戦後すぐたったバラックのような木造の事務所に不似合いなお客様だった。岩崎さんは湯島から不忍池を挟んで上野までをこよなく愛し、毎朝、散歩がてら、不忍池の周りを清掃していたと聞く。それでわたしたちに運動の応援として「寸志を差し上げたい」とおっしゃるのだった。とっさにヤマサキが「では一万円ご協力お願いします」と言ったそうである。後で岩崎家のご当主に一万円は失礼だったかしら、と考え込んでいた。

岩崎さんの突然の訃報に接し、わたしは取るものもとりあえず、代々木上原のお寺のご葬儀に伺った。一切の供物や香典を受け取らず、焼香もなく、岩崎さんにお別れして、お好きだった「サマータイム」のジャズが静かに流れる中、お見送りをした。最後まで自分流を貫かれたのだな。それを実現した家族の方もえらいものだな、と思ったことである。

建築史・門前の小僧 ——村松貞次郎ほか

地域雑誌『谷根千』は普通の人々の生き死にを記録するのが主旨だが、関東大震災も戦災にも比較的に焼けなかった町を残すために、建築の保存・再生・活用という活動にも長年かかわってきた。この中で、まるで畑違いの建築史の研究者に多数、出会った。

最初に出会ったのは、イタリア留学から戻られたばかりの陣内秀信さんで、『東京の町を読む』で根岸や下谷の調査をされているから、彼に相談するといいよ、と編集者が紹介してくれた。新宿の喫茶店で初めてあった陣内さんは「『谷根千』は権力者が上から作った町でなく、庶民に生きられた町。建築だけでなく、着るもの、食べるもの、お産や育児まで、聞き書きで残していければいいですね」とアドバイスを下さり、その後も「谷根千の生活を記録する会」にも毎回、気楽に来てくださった。

陣内さんが上野ならあの人、と紹介してくれたのが東京藝大の前野まさる先生、「上野の杜の会」を作って、赤煉瓦の談話室の保存などをしておられた。それから一緒に藝大の奏楽堂、赤煉瓦の東京駅他たくさんの運動を一緒にすることになった。前野さんは会議中に焼き芋屋の屋台が来ると、抜け出して焼き芋を買いに走るという無邪気なご性格。「ご婦人方の力は偉大だ」と言い、わたしたちは乗せられたきらいもある。

その頃、『谷根千』を手伝ってくれていたのが藤原馨さん。夫君は今は九州大学教授の藤原惠洋さんで、その関係から東京大学生産技術研究所の兄弟子、藤森照信さんを紹介してもらい、『建築探偵の冒険』の自筆広告をいただいた。藤森さんが最初に設計した茅野の「神長官守矢史料館《じんちょうかんもりや》」以来、わたしはその野蛮ギャルドな建築が好きだ。最初に茅野に見学に行った時に出てこられた威厳ある方が、なんと藤森さんのお父さんだった。「テルノブはこの辺をボッコ持って走り回っておったわ」と聞いた。

藤森さんは「僕の育った家に近代は電気とガスしかなかった。昔の農家の建物は真っ暗で、入ると何も見えなかった。よくあんな暗いところで暮らしたもんだ」という。一緒に本郷あたりのお屋敷を見学に行った時に、鬱蒼《うっそう》と茂った庭と、蔦の絡まった家屋を見て、「植物は手強いもんだなあ」と感嘆していた。「こういうのを残すために森さん、区長選に出たら」とおっしゃるので、「そしたらはじから買っちゃう」と言うと、「それじゃ一期でおしまいだ」と笑った。

藤森さんは研究者で、東京駅の保存運動にはあまり関わられなかったが、保存が決まった時に、突然、会議中の部屋に入ってこられ、「いやあ、残るとは思わなかったなあ。すごいなあ」と言っておられた。わたしが「疲れたからもうこれでやめます」と言ったら、「いやあ、ずっと保存運動をやってるのは森さんと多児《たに》貞子さんくらいしかいないんだから続けるべきだよ」と励ましてくれた。

藤森さんや藤原さんの師匠、村松貞次郎先生は、東大の授業が終わると根津の刃物屋で大工道具を見たり、話したりするのがお好きだった。お会いした時、「こんなものを作っているんです」と『谷根千』を何冊かお渡ししたところ「身銭切って作ってるんでしょ、ただでもらっちゃ悪いよ」とちゃんと雑誌代をくださった。嬉しかった。東大の稲垣栄三先生も同じで、奏楽堂の保存運動の会合でお会いした時に、名刺がわりに雑誌を渡すと「よくできていますね」と言ってポケットから小銭を出してくださった。これも嬉しかった。

そういえば、鈴木博之さんとはどこで知り合ったのだったか。『建築の七つの力』はじめ、緊張感あふれる名文に接していた。その後、東京新聞だかの一面記事で一緒に湯島あたりの町歩きをしたのだったが、対談かと思ったら、担当の編集者が、まるで鈴木先生の教えを聞く町のおばさん、みたいなていにまとめてきた。鈴木さんは「これはおかしいですね」と抗議してくださった。

わたしの『明治東京畸人傳』の解説を書いてくださったのもありがたかった。二〇一三年十一月、久しぶりに湯島の国立近現代建築資料館で鈴木さんと会った時には嬉しくてハイタッチしてしまった。その時、手が冷たいような気がして心配だった。「新国立競技場はやっぱりザハ・ハディッドの案が一番いいと思いますよ。SANAAの案では不安定で観客はフラフラしちゃうよ」と言っておられた。その後、ほどなく訃報を聞いた。

この三十五年、建築史の門前の小僧をやっていたような気がする。神奈川大学の西和夫先生とも、文化庁の文化審議会（文化財保存分科会）の委員を共に務めたことから親しくなり、七尾とか丸森とか唐津とか、いっしょに各地の古い建築を見て歩いた。先生は「この材が効いている」「これは当初だ（建築時の材木）」と教えて下さった。みんなが間取りや立面図を書いている間、わたしは主に、お茶を飲みながら家主のインタビュー担当だった。西先生が亡くなられ、その弟子の仙台の高橋直子さんや長崎の山田由香里さんとは今もつながりが続いている。

思えば一九八〇年代、「全国町並み保存ゼミ」で会津に行った時、京都大学の西山夘三先生がおられた。建築家の武基雄《たけもとお》先生もおられた。関野克先生もおられた。伊藤ていじ先生もおられた。妻籠の岡田さんとか、会津の五十嵐さんとか、足助の田口さんとか伝説の活動家たちもおられた。これまた風格があり個性の強い方たちであった。

また、根津小学校卒業の藤島亥治郎《がいじろう》先生は、根津が大好きで、祖師ヶ谷大蔵のお宅から面倒臭がらずに出てきてくださった。わたしが生まれた時にはすでに東京大学名誉教授であり、五十五歳の年の開きがあった。「僕が戦前、欧州にいった時は円高でいい時だった。ガウディのサグラダファミリアはまだ尖塔が四本しかなかった」「バウハウスにグロピウスを尋ねたら、夏休みでいなくてがっかりだった」と夢のような話を聞いたものだ。「あぁ、ウィーン、あそこだけはまた行ってみたい。美しい街だった」と遠くを見るような目をされた。

また白山の小石川植物園の近くには太田博太郎先生がお住いで、お訪ねしたこともある。「僕のうちは広島の福山藩士で、弥生町の浅野さんの借地で育ったんです」とおっしゃる。太田先生は武蔵中学の出身で、都市計画の高山英華と同級生、高山先生が陸上の選手、太田先生はサッカーの選手だったそうだ。「東大に入った頃、夏休みはよく奈良や京都に建物を見に行きました。その頃は写真機なんてないから、みんなスケッチした。目をつぶると、寺の軒のそりなんか、みんな手が覚えています」。

こうした方々と地上で出会え、いろんなお話を聞けたことを無上の幸せと思うしかない。

元倉眞琴さんのこと

二〇一七年秋、建築家で藝大名誉教授の元倉眞琴さんが亡くなった。とても寂しい。

元倉さんと最初に会ったのはいつだったか。彼の代表作、山形朝日町の複合文化施設エコミュージアムセンターをいっしょに見に行ったこともある。藝大祭での松山巖さんとの対談も頼まれて、打ち合わせだの打ち上げだのを口実に飲んで騒いでいた。

そして3・11後、谷中コミュニティセンターの建て替えについても様々な協力を得た。そもそも谷中コミュニティセンターは四十年ちかく前に、住民たちが百回以上の協議を重ね、自主管理型の地域センターとしての歴史を持っている。中にはいくつかの集会室のほか、図書室、学童保育、お風呂まであった。区側の管理は二人程度でやっていた。建て替えにあたっては台東区の「防災センター」として位置付けがされ、上野の区役所が万が一、災害時に機能しなくなったら、谷中を区役所にするという代替機能も期待された。

しかし、3・11後、東北の避難所や仮設住宅の支援に行った住民も多く、今の計画でいいのか、「本当に命の助かる防災センター」とはなんなのか、二〇一一年の夏頃、真摯な討議がなんども持たれた。すでに基本設計が終わり、実施設計者が決まった後で、区側の顧問格であった元倉さんに相談したら、「今ごろ、そういうことを言い出すのは後出しじゃんけんだ」とひどく叱られたのを覚えている。しかし、それでも住民たちの声に耳を傾け、旧近藤邸の跡地、谷中防災ひろばと一体化して使えるように、計画を柔軟に考え直す調停役をしてくれた。結果として良い施設になったと思う。

その後、二〇一三年からは、新国立競技場計画に対して、槇文彦さんが問題提起されたザハ・ハディッド氏の当初案を見直す運動をわたしたちは起こし、槇事務所出身で、今も代官山に事務所を持つ元倉さんとは連携を取りあってきた。建築家とわたしたち市民を繋いでくれたのは、主に元倉さんや中村勉さん（東京建築士会会長、文京区在住）たちであった。この巨大で、環境と景観を破壊し、高額で、維持費もかかる計画を撤回に持ち込めたのは、その後の曲折は納得いかないが、大変な成果だったと思う。

元倉さんは、雑誌の『谷根千』を長年置いてくれた千駄木のどんぐり保育園の拡大に伴う建物を依頼され、敷地を探すというので、少しだけお手伝いしたこともある。その敷地は、藍染大通りの北側の印刷会社後に決まり、設計も進んでいた矢先、急逝された。七十一歳。

最後に会ったのは、わたしも運動のストレスからか、同じ病気になって、有明の癌研に検診で行った時、玄関のところに元倉さんがいた。「今日、森さんが来ると聞いたから、もう診察は終わったんだけどずっと待ってたんだ。じゃ、顔見たからもう行くよ」。

一見、繊細なインテリに見えた元倉眞琴さん、本当は台東区育ち、上野の藝大卒業の下町っ子、いざという時、頼れるお兄さんだった。

宇沢弘文先生の最後の言葉

宇沢弘文『自動車の社会的費用』は大学時代に影響を受けた本の一つ。そのあとも先生の「コモンズ」の提唱に耳を傾けてきた。わたしのかかわった東京駅や不忍池や谷根千の民家の保全運動は「町並みや風景はみんなのもの」という「社会的共通資本」の考えが底にあった。

本物の宇沢先生にお目にかかったのは、世田谷の酒井憲一氏主宰のアメニティミーティングルーム、そこまで自宅から短パンにランニングで走ってこられたと思う。それから長い時がたち、二年ほど前、普天間基地問題の記者会見を取材に行って再会した。この時は宇沢先生を筆頭に宮本憲一、寺西俊一、西谷修などそうそうたる学者が並んでいたのだが、大メディアは一つも来ず、沖縄の新聞とわたしたち「映像ドキュメント」など少ししかいなかった。「いつでも遊びに来て」と名刺をいただいたのにそのままになった。

巨大で高くつき、将来の重荷となる新築計画に反対し、現国立競技場の改修と緑濃い神宮外苑の環境保全を提案した「神宮外苑と国立競技場を未来へ手わたす会」に宇沢先生が病床から寄せられたハガキ。ありがたく、もうしわけなく、集会などでも何度か紹介させていただいた。われら力足らずして二〇一五年三月に解体が始まったが、この宇沢さんの一文にわたしたちの思いは尽きる。

「2020年の東京オリンピックに向けて新国立競技場を新築しようという案に反対の声を上げていただき感謝して居ります。現在の競技場を改修して使い続けることに賛成します。一流の建築家の方々が技術的に改修可能だと発言して居られます。

旧競技場の解体中止、神宮外苑の景観の維持に心から賛同致します。巨大な規模の競技場ではなく、人々に愛され、利用される競技場が必要と考えます。

今は原発の処理、大震災後の罹災者、市町村の社会の立て直しに知力、資力、資材を最大限に生かすべき時と考えて居ります」

二〇一三年のこの異議申し立てに賛同して下さった方々のうち、池内紀さん、近藤富枝さん、大村彦次郎さん、芳賀徹さんなどが亡くなられた。あらためて心からの感謝と追悼を捧げたい。

横浜のお兄さん 北澤猛

北澤猛《たける》さんに最初に会ったのは、一九八〇年代で、わたしが地域雑誌を始め、町づくりに関わろうとしている頃だった。関西では今井とか、中四国では三原や内子《うちこ》とか、町並み保存の活動が盛んだが、西高東低で、東日本には少ない。過疎地で、歴史的環境を観光資源として捉える妻籠や大内のようなスタイルではない都市型のモデルを、わたしたちは探していた。

一番近くの都市では横浜があった。横浜は飛鳥田一雄市長、長洲一二《ながすかずじ》知事以来の、革新自治体の経験があり、飛鳥田市長が横浜で直接民主主義の実験をされたことも知られている。また田村明氏を招き、総合的アーバンデザインを他に先駆けて実施した自治体でもあった。そこには横浜シティガイド協会の嶋田昌子さんという、元気で優雅な女性を中心にした市民たちの活動もあった。

わたしたち『谷根千』の三人は、勉強のため横浜へ出かけた。嶋田さんは融通無碍な人で、ご自分も本牧に住んでおられたので、まず三溪園に連れて行ってくれた。そこへごめんごめんと現れたのが、市役所職員の北澤さんで、緑色の絹みたいな光沢のあるシャツを着て、ちょっと長髪で、スラリとした長身の、かっこいい人だった。そのあと、午後は北澤さんが山手のエリスマン邸とかベーリックホールとか234番館とか、市が管理しているいろんなところを案内してくれた。もうバブルになりかけで、「森さん、これ買いませんか」と北澤さんが冗談ですすめる洋館は十四億するのだそうだった。

洋館の中にはカフェなども併設されており、パーティや結婚式の会場にも使えるという。テニスコートのゲストハウスになっている家もあった。イベントも熱心で、その家はまるで誰かが住んでいるように、クリスマスの飾り付けがされていた。文化財は保存するだけではダメで、活用し、人々に愛されなければならないということを覚えた。それまで重要文化財の古民家が公園の片隅に移築されて放置され、勝手に中をご覧ください、というような、家が泣いているような事例ばかり見てきたので、驚いた。

それから横浜は近いし、横浜通いは続いたと思う。北澤さん、小沢朗さん、国吉直行さんなど横浜都市デザイン室を担う若手の人たちと中華街で議論したものだ。

当時、日本ナショナルトラストの職員だった米山淳一さんも湘南にお住まいで、明るくて前向きな人だった。彼らはハンドルネームを持っていて、小沢さんはジェームス、北澤さんはアントニオ、嶋田さんはイギリスの住宅運動を率いたオクタビア・ヒルにちなんでオクタビア、というのである。背が高く知的な、バネッサ・レッドグレーブみたいな島田さんにその名前は似合った。わたしも入れてもらってモリリンと呼ばれた。

海の見えるすばらしい洋館に住んでいる若夫婦もいた。山下公園で新年のドラを聞いたこともあった。スウェーデンサンドのお店もいったし、横浜グランドホテルのティールームとバーも覚えた。神奈川近代文学館でアナキズムの資料調査をしたこともあった。ユーミンの歌に出てくるドルフィンという喫茶店に連れて行ってもらった。もちろん横浜の人たちも谷根千の町を訪ねてくださった。

そのうち北澤さんは市役所をやめて東京大学の助教授になられた。すぐ近くになったのにお互い忙しくて会えなかった。「千代田区まちづくりサポート」の審査会くらいである。シンポジウムの後、越前大野の御清水や福井の永平寺を一緒に旅したこともある。いつも北澤さんは朗らかで、難しい話はしないけど、わたしにとって一つ上の楽しいお兄さんだった。

でも東大で都市計画の先生をしていると、たくさんの自治体から委員会の座長の仕事がくる。北澤さんの上の西村幸夫さんも助手時代から知っているわたしにとってはお兄さんのような人だが、本当に多忙そうだった。北澤さんもいろんな県の参与などを引き受けていた。

最後に北澤さんに会ったのは東京湾岸の景観をどう改善するか、という委員会が横浜で開かれた時である。湾岸は元は九十パーセントは公共用地だったのに、各自治体が民間に払い下げ、今や殺風景な工場やオフィスビルが立ち並んでいる。海を使ったブルーツーリズム、横浜や川崎と東京を船で結ぶ交通網などを検討した。こういう委員会はみんな忙しいので、さっと解散し、みんな次の会議に散らばっていく。

その帰り、北澤さんが「横浜久しぶりでしょう。中華街で飯でも食っていこう」と誘ってくれ、どこかでおいしい麺を食べた。北澤さんはいつものように穏やかで、「お互い太ったね。ダイエットしなくちゃね」なんて冗談を言ってたのに、それどころではない大変な病を北澤さんは抱えており、しかしそのことは言わなかったのだと思う。

北澤さん、二〇〇九年没。五十六歳、今初めて「たけし」でなく「たける」と読むのだと知った。

サイデンステッカー先生の不忍池

『源氏物語』の翻訳で有名なエドワード・サイデンステッカー先生は、池之端の不忍池を見下ろすマンションに住んでいらしたようだ。というのは行ったこともないのでわからない。ただ不忍池の地下に駐車場計画が起こった時、それを大変憂慮され、シンポジウムに喜んで参加してくださった。そして「こんな池の下に駐車場を造るなんて考えられない」と、色白で血色の良い、メガネの先生はおっしゃるのだった。

「私はベランダから毎日池を見るのを楽しみにしています。工事が始まったら池の底が見えてしまうのだろうか。がっかりです」と言うのだった。

その後、みんなが質問したのだが、お名前が長いせいか、サイデン先生とかステッカー先生と言うので、そのたびに来場者が笑った。そしたら先生はわたしにウィンクをして「サァちゃんとお呼び」と言った。そのいたずらっ子そうな顔が忘れられない。ほんとにそのくらいの淡い出会いである。不忍池の地下駐車場計画は立ち消えになり、先生が亡くなられてから『谷中、花と墓地』というエッセイ集が出て、先生が上野だけではなく、このあたりを広く散歩されていたことを知った。

一方、同じコロンビア大学のドナルド・キーン先生は、西ヶ原の古河邸を見下ろすアパートに住んでおられた。紹介しますと言ってくれた人は何人もいたのだが、ご高齢になられて自分の時間がますます大事になられている方を気楽に訪問する気にはなれなかった。新国立競技場問題の時に、賛同を求めるお手紙を送ってみたが、弁護士の方から丁寧な断り状が届いた。

そういえば日本映画評論家、ドナルド・リチーさんも根津のあたりに住んでおられたらしい。リチーさんは『谷根千』の英語版第三号に牡丹灯籠に関する英文論考を寄せてくださったのだが、お会いするチャンスを逃した。いちど根津の貝屋さんで買い物中をお見かけしたが、誰も紹介者がいないのに自分から名乗り出たりするのは失礼だと思ってそのままになってしまった。アメリカでは有名な日本映画の研究者であることを、わたしは知らなかった。

もう一人、吉本隆明さんも谷根千あたりを愛し、転々と住んだ方である。これまた紹介してあげるという人が何人もいたが、全共闘世代のファンが多い吉本さんを、遅れてきた世代のわたしは臆して、お訪ねする気持ちになれなかった。初期の詩や好きな随筆、伝記はいくつもあったのに。『谷根千』には一度だけ自筆広告をいただいている。

ただ吉本さんを見かけたことは何度もある。買い物かごにネギをさしてぶらぶらと歩いておられたり、何かジャッキー・チェンの鎖のようなものを持って振り回しておられたのを見たことがある。ある時、宮武外骨忌に巣鴨の染井墓地から浅草の居酒屋に移動する際、タクシーで分乗して行くはずだったが、「バスで行きましょうよ」とわたしが言ったので、草63のバスにみんなで乗りこんだ。

赤瀬川原平さんや南伸坊さんも、もちろん外骨の甥の吉野孝雄さんも坪内祐三さんもおられたのだが、みんなで近くの座席に座ったのでわたしは道すがら、はとバスのツアーガイドみたいなことをやっていた。団子坂上の辺に来たときに「この辺で一番よく見かける有名人は吉本隆明さんです」と言った途端、南伸坊さんだったか、「お、いるいる」と声を上げた。みんなが窓の外を見ると、なんとバスと並行してホンモノの吉本さんが自転車で同じスピードで走っているのだった。これほどびっくりしたことはない。

解剖坂のKさん

その女の人は解剖坂の途中に住んでいた。
アパートの奥の三畳で、日当たりが悪いので、できるだけ外を歩いているといっていた。
わたしの友だちというわけではなく、仕事仲間のYが十何年前に公園で知りあった。親もすでになく、兄弟や伴侶もなく、難病で入退院を繰り返す。当然のことながら生活保護を受けていた。

彼女は本を読み、買い物をし、町を歩いていた。普通の暮らしだが、生活保護を打ち切られるので、クーラーとかナントカは買えない、といっていた。まだ四十代なのだから働け、と役所ではよくいわれるそうだ。

解剖坂というヘンな名は、日本医大の解剖学教室の真裏だからである。わたしはその上に住んでおり、仕事場の行き来によく坂で彼女に会った。友だちの友だちというよしみで、立ち話した。それからわたしたちの地域雑誌で手が足りないとき、Kさんに何度か封筒入れ、切手貼り、地図折りなどお願いした。時給いくらのアルバイト代さえ、役所に知れると保護打ち切りになるのでいらないという。わずかの労働報酬を渡すと次の日、果物やお菓子を差し入れに来た。そしてわたしが仕事場の古本や古雑誌をあげると、よろこんで持ち帰った。読後の論評は正確だった。

そのうち手がふるえ、地図を折るのに曲ると悪いから、と仕事場に来なくなった。仲間のYはほとんど外に出なくなった彼女に、夕食を届けながら、様子を見に行っていた。

Kさんは正月早々、三畳の自室で事切れているのを発見された。一番近しい知人だったYは現場検証に立ち会った。そして彼女の体を拭き、抱き上げて御棺に納めてきたという。「私がダンナの郷里に帰ったものだから、暮れのうちに一人で死んじゃってたのかもしれない」。Yは泣いて激しく自分を責めた。

わたしは暮れの二十七日、解剖坂で彼女に会った。そういうとYは、「じゃ、まゆちゃんが最後に姿を見た人かもしれないね」とまた泣いた。

二、三日してKさんのアパートの掃除にいったYが、いろんな物を持って帰ってきた。新しいタオル、シーツ、石鹸、ティッシュ、お餅……。「正月を迎える準備だったのかなあ」。

使ってあげてよと、いうのでわたしは電気あんかとパジャマとどてらを引き取った。冬はこの三つを毎日のように使った。そのたび、「私は天皇制に興味がある。それがこの国のすべての差別の大もとだと思うから」とわたしの本を持っていった彼女のことが思い出された。

娘にきくと、彼女は二十八日、Kさんに解剖坂で出会い、バナナを貰ったそうである。

ゆっくり知りあう ――小林顕一

長年、町の雑誌を作ってよかったことは、死ぬのがそう怖くなくなったことである。それまで人の死に遭うことが少なかったが、土地の古い方たちに話を聞くようになって、死はうんと身近になった。

さっとこの世からいなくなる。ふいっと消えてそのまま忘れられる。そんな世の去り方をたくさん見て、わたしも願わくは、と思う。その一方で、片付かない仕事を残すのはイヤだから、あと五年は生かしておいてほしい、と切に祈るのだから迷妄もいいところ。

ずいぶん前に、亡くなった友だちがいる。いや亡くなったからもういないのである。

小林顕一というブック・デザイナーで四十八歳だった。夏の健診では何もひっかからなかったというから、病勢は驚くべき速さである。十月十九日付で、病院から「ムリとストレスが原因。森さんも気をつけて。来るときは病気速い!!」という葉書が来た。ベッドの上で書いたものか、字がゆらゆらしていた。

同じ文京区内、大塚に生まれ育った人である。わたしが仲間とはじめた地域雑誌『谷中・根津・千駄木』に興味を持って、僕もそのうちこんな雑誌を町でやりたい、手伝えることがあったら気軽に声かけて下さい、と言いに来てくれたのだ。

いや彼はすでに、『坂下まめ新聞』という手書きのミニコミ紙を、もっと狭い町の範囲ではじめていた。絵の先生をしていた。というより、自然と近所の子らが坂下の、庭のある彼の家に吸い寄せられてくるようだった。その子らと新聞を作ったのである。妹さんと二人で、その不思議ななつかしい平家に住んでいた。『飛ぶ教室』の菜園の中の客車に住んでいる禁煙先生みたいだった。

自分の作品は大切にした。ファイルにそれまでの仕事をきちんと整理し、凝ったレタリング文字もずいぶん描き貯めて、まるで宝物のように一枚一枚出して見せてくれた。

一度、彼の仲間の気楽な会に呼んでもらい、町のこと、雑誌のことなどわたしはせわしなく話したことがある。彼の感想はこうだった。「森さん、人間はもっとゆっくり、知りあっていけばいいんだよ」。

いくつか仕事も頼んだ。一から十までの在庫の『谷根千』をセットで入れる外函をデザインしてもらった。小林さんは「谷根千」の判じ物みたいな模様を考案し、函の上に各号のタイトルをのせ、と凝った。小石川の製函会社まで、わざわざ一緒にいってくれ、社長の苦労話を半日聞いたりした。ツカの厚さで木型をつくり、表紙を印刷し、手で折って止めるので、函一つ作るのに二百円かかった。

その次は、雑誌の中央に入る町の地図が、委託店の数が増えるにつれ、読みにくくなったので、全面的に改訂してもらった。それから『谷根千同窓会』という町のオリジナル古写真帳に〝懐かしの絵入り地図〟というのを描いてもらった。さらに『トポス上野ステエション』という超高層化反対のパンフレットの表紙ロゴ、都電特集三十四号の表紙の絵、思い出すと、思ったより仕事を多くお願いしている。その一つ一つに、物をつくりだすよろこびが溢れている。安い、しかしわたしたちにしては精一杯のお礼の中から、小林さんは道具まで買って、手を動かした。

こんなに早く亡くなられると、小林さんはどうやって生活してたのだろう、と思う。どの仕事も報酬には釣り合わない丁寧なものだった。他の地域活動にも無償で協力していたようだ。わたしたちは安易に彼に頼りすぎていたのかもしれない。「ムリとストレスが原因」――葉書の言葉が痛い。

それどころか仕事上のつきあいでは衝突もあった。わたしの大ざっぱでせっかちな性格と、彼の神経質でこだわる性格とはなかなか合わなかった。そして彼は自分の考えはなかなか変えてくれないのである。市民運動の報告書に企業から少額の援助を受けることすら、潔癖な彼は拒否するのだった。

見舞いにもいけないうちに、彼は逝った。通夜も葬式もやらないという。日曜の十一時に出棺と聞き、わたしは黒いセーターとズボンでタクシーに乗った。喪服は持ってないのである。

小林さんの几帳面な字の記された整理ダンス、仕事をしていた机、壁の世界地図、多忙中を知らせる子供たちへの絵入り貼り札、すべてそのままだった。どんな文豪の書斎より取っておきたいような場所である。近所の子たちがたくさん来ていた。

「兄貴は町を住みやすくするために何ができるかずっと考えてました。みなさんもそれぞれの町で何ができるか考えてみて下さい」

妹さんの短い会葬御礼の言葉がさっぱりしてよかった。しかしわたしは無念である。彼の念願の地域誌『坂まち通信』もやっと二号まで出たところなのだ。棺は、ライトバンのような簡素な霊柩車に乗せられ、わたしの前から永遠に去った。

家に帰ってまた最後の葉書を眺める。

「谷根千四十号おめでとう!!　スバラシイ!!　でも私は二号が好きです。今のベースのバランスがもう急角度で完成されています」

あの幼なかりし二号の銭湯特集、しかしそれこそわたしたちの初心である。

これからわたしがしたり顔で、あるいは拙速に走ろうとするとき、

「人はゆっくり知りあっていけばいいよ」

という彼のなつかしい声が聞こえるのだろう。

高田爬虫類研究所 ――高田栄一

根津の異人坂近くに、高田爬虫類研究所があった。町なかにたくさんのヘビやワニを飼っている場所があるなんて。『谷根千』二号でインタビューに行ったのは山﨑範子だった。今読み返しても、初々しくて笑っちゃうような記事だ。わたしはもともと爬虫類は気持ち悪いと思う方で、それは巳年生まれのくせにヘビが嫌いな母の刷り込みかもしれないが、上野動物園に行ってもワニやヘビの前は通り過ぎた。だから、山﨑の取材話を聞いても、そんなものが子供の頃から大好きで、首にヘビを巻いたりする人はよっぽどの変人だと思っただけだった。

三十四年後の二〇一八年になって、高田さんのところに初期の爬虫類研究所の古いフィルムがあることがわかり、ご遺族と「ホームムービーの日」を谷根千地域で主催する方の協力を得て、高田さんにまつわる映像や写真を谷根千〈記憶の蔵〉で見ることができた。

それはわたしの先入観を打ち壊すには十分な出来事だった。

高田さんは一九二五年、湯島の生まれ、小さい時から上野動物園に入り浸っていたようだ。「嫌い」「気持ち悪い」と思われる爬虫類への差別に怒り、ヘビに寄り添う生涯となる。自由律の歌人でもあり、詩人でもあり、随筆家でもあった。小柄で、ほっそりして、若い時はシャンソン歌手みたいだ。根津に戦前から住み、戦争中は疎開していたという。

以下は当日上映されたフィルムである。記録のために書いておく。

1　「高田爬虫類研究所の一日」(一九七九年)

戦後、爬虫類研究所を創設、多い時は十人もの所員がいた。彼らが傷ついたワニの治療をしたり、トカゲにバナナをやったりしている。カメには生の鶏肉をやる。頭蓋骨を標本にしている。奥様はサイレントの映像を見ながら、少しずつ話をしてくださった。

「あ、この人、宮本さんていって、ギターが本当に上手なんですよ。九州の宮崎の人です。この映像を撮ったのは作田さんといって絵がうまい人でした。いろんな動物がいたので、その飼育箱は主人が設計して、みんな手作りでした。

作家の椎名誠さんが主人の経営する『デパートニューズ』の社員でいらしたことがあります。椎名さんの小説にも主人が出てくるんですが、追悼文にあの時代が自分の青春だった、文の道へ行く基礎を作ってくれたのは高田栄一だと書いてくださいました」

椎名誠『新橋烏森口青春篇』の中に高田さんはポケットから緑色のヘビを出す「ヘビ専務」として登場する。

十人もの所員をどうやって食べさせていたのか、彼らはどこに住んでいたのか。

「主人はよくテレビや雑誌にも出ていましたし、展示会もやっておりました。沖縄のこどもの国大爬虫類園の監修もしておりました。うちにいた皆さんは本当に生き物が好きな方ばかりでね」という奥様のお話から、展覧会の企画や、動物をいろんな施設に紹介したり、飼育の指導を仕事にしておられたのではあるまいか。

2 「アフリカ草原の動物たち」（年代不明）

アフリカ旅行のカラー映像。ケニアあたりで、サファリをしているようだ。向こうに見える山はキリマンジャロか。キリン、カバ、ハイエナ、フラミンゴ、ライオンの交尾などが映されている。オスライオンが体を退かせた後、雌ライオンはそれこそ死んだようにひっくり返り、無防備である。オスライオンは　雌に近寄って甘噛みする。わたしたちは息を飲んで見た。

「いいカメラを持っていましたからね。もちろん家族で行ったことはありません。所員で一緒に行った人はあると思います。でもケニアから手紙が来ていますから、調べればばいつかわかりますよ。一九七六年くらいではないかしら」と奥様。当時一ドルは二百六十円くらい、アフリカを旅するのには費用がどのくらいかかったろう。すでにこのような動物の楽園はなくなっているかもしれない。

3 「インドネシアのコモド島のオオトカゲ」（一九七六年）

「この時は朝日新聞の仕事で、團伊玖磨先生もご一緒したんだと思います。先生も動物が大好きでね。後々まで手紙のやり取りをしておりました」

木のボートにみんなで乗り、海を行く。世界最大のオオトカゲがヤギのナマ肉を食べる様子。團伊玖磨はピアノの上でカタツムリを飼い、それがレタスを食べるかそけき音を愛した。高田さんとは気が合って、自ら蛇弟と称した。

團伊玖磨の子息、現在は建築家の團紀彦さんはヘビが好きな少年で、高田さんが持ってきてくれるニシキヘビの飼育に夢中になったという。

高田がバティックのアロハを着ている写真があるが、これはインドネシアで買ったものだろうか。映像はタイの象の水浴び、木材運搬に。象が丸太を引っ張ったり、鼻で持ち上げたりしている。

4　「ベンガルオオトカゲのレスリング」（撮影年代不明）

研究所の中のような気がする。これについては、当日来てくれた上野動物園爬虫類の担当の坂田修一さんから、「オオトカゲは繁殖時期になると、オスどうしでこういった戦いをするんです。そして負けたものは去る。それを雌が見ていて、オスの品定めをするということはありませんが」。それはまるで、どこまでも続く相撲みたいだった。まわしこそないけど、足をかけたり、腕を回したり、うっちゃりも見せる。

5　「ミシシッピーのワニの孵化《ふか》」（一九八一年）

ワニが卵で生まれるなんて知らなかった。それも繭みたいな長い卵で、中から縞の模様の赤ちゃんが出てくる。坂田さん、「ワニは小さい頃はこんな模様がついているんですが、だんだん薄くなっていきます。鳴き声を親ワニが気にして寄ってきていますね」。鳴き声はサイレントなのでわからない。

6　スライドショー

地域で「谷根千ウロウロ」という写真のサイトを運営する通称ウロウロさんが、高田家にある紙焼き写真をデジタル化してくださった。たくさんの写真は、雑誌などに取材されたものだろう。いつも高田さんは首にヘビを巻いている。毒のないヘビもいるが、コブラなど危険動物もいる。高田さんが近所の子供にヘビを触らせている写真や、根津神社でのヘビとのツーショットもある。

『谷根千』スタッフの山﨑範子はハムスターを飼っていたところ、千駄木あたりにいたアオダイショウに飲み込まれ、警察に通報したが、警察官には「これは脱走したヘビで誰かの所有物かもしれず、それがはっきりしないうちは触れない」と断られた。仕方なく高田さんに連絡して、ヘビごと引き取ってもらったという。

7 「生きている世界の蛇と怪奇動物展」（一九七九年）

サンシャインシティで行われた展覧会の会場風景、子供たちが、恐る恐る見ている。足元にはヘビがたくさん。「あの頃ちょっと暗くしてお化け屋敷みたいな設営にするのが流行ったんです」と元所員の坂田さん。

爬虫類は気味がわるい、というのは実にわたしの偏見だった。爬虫類の世界は面白い。いかに高田さんがヘビやトカゲを愛し、可愛がっていたかはよくわかった。そういう愛好家がたくさんおり、その人たちにとっては高田さんは偉い人だった。赤坂御所で皇太子時代の現天皇に爬虫類の話をし、御所の庭に亀をあげたこともあるという。

また普通、夫がそんな趣味に熱中して、家中にアリクイやコウモリやアカハナグマまで三百種類も飼っていたら、妻や子供からはブーイングが出そうだが、来てくださった奥様もお嬢さんも、夫、あるいは父の仕事と人柄に絶大なる尊敬と誇りをお持ちのようだった。写真の中で、長男や次男がヘビを首に巻いているものもある。高田家のみなさんにとって、爬虫類は「気持ちの悪いもの」ではなく「可愛らしい生き物」であったことを知った。サイレントの映像に、柳下美恵さんが持ち運びできるオルガンですてきな音をつけてくださったのも良かった。

爬虫類のパイオニア、高田栄一さんは二〇〇九年十月十三日逝去、八十四歳だった。

やっぱりオモシロイ平岡正明

評論家というか、スイングする文体で面白い本を書いていた平岡正明さんは文京区の汐見小学校に通っていた。いかにも下町風の、風通しの良い兄いで、わたしは『山口百恵は菩薩である』を鷗外図書館で借りて読んだ。そのうちどういう経緯か忘れたが、横浜で『ハマ野毛』という雑誌を始めた平岡さんと対談することになった。

明るくて色艶のいい人だった。目力があった。話はあっちに飛びこっちに飛び、何を話したかも覚えていない。「谷根千はうまい。三つの地域の境で、あたかも州境を超えれば警察も追っかけてこない犯罪者アル・カポネみたいだ」。言い得て妙だ。「そこへ行くと、うちの雑誌は、あまり売れないなあ。いっそ『下の毛』って名前に変えるかな」。

わたしの住んでいた千駄木一丁目の、狭い長屋の歩いて十メートルほどのところに、おばさんと姪御さんがやっている小さな駄菓子屋があった。うちの三人の子供たちは「カドヤさん」と呼んで、仕事からわたしが帰るまで、そこに入り浸っていた。住宅街の真ん中にポツンとある便利な店で、コンビニが栄える前は、インスタントラーメンやパン、牛乳なども売っていたのである。

わたしはおばさんに「昨日、平岡正明さんと対談しましたよ」と報告しにいった。前から平岡さんは甥御さんだと聞いていたからである。そうしたらおばさんの方が「とりとめのない男でしょ」と情けなさそうに言った。わたしは心の中で爆笑した。まさに昨日会った話があっちに飛び、こっちに飛ぶその人そのものだった。

そして三日後、姪御さんの方が「これ森さんに。マサアキがお世話になりましたって」とおばさんの編んだきれいな毛糸のソックスを届けてくれた。足先が冷える冬には重宝しそうだった。そのおばさんは浅草の芝居小屋に生まれ、自分も女優だったことがあるそうだ。平岡さんはこの「ぼくのオバさん」に結構、世話になったのではないか、と思う。

それから一度、また横浜でばったり平岡さんにあった。そのころは「野毛大道芸」のプロデュースをしていた。平岡さんの言葉で覚えているのは、「いやあ、田中優子は美人だねえ」というのと「森さんと僕は書く対象がバッティングするからな」という二言だけ。案外、普通で小心な人なのかもしれない。

その後、岡本文弥が登場する『新内的』『浪曲的』なども読んだ。気ままな即興のジャズのような人生が彼の真骨頂。そんな平岡さんがわたしは嫌いじゃなかった。

集まってきた本たち

子供の頃からお小遣いを貯めては本を買うことをくりかえしていた。本の読みすぎで目を悪くするというので、両親は寝る前に本を読むことを禁じた。わたしはベッドのマットレスの下に読みたい本を敷き詰め、隣の六畳には両親が寝ていたので、布団をかぶって、懐中電灯で本を読んでいた。それでますます目が悪くなった。

中学になると父は、わたしの読書について何も言わなくなった。十五歳の時に家を建て替えるときは、宮大工二人に頼み、彼らはわたしの部屋にはガラス付きの本棚を、屋上へ行く階段の脇には作り付けで薄い文庫本用の本棚を作ってくれた。そこに収めた本は、日本の古典、そして大江健三郎や高橋和巳などの文芸書、ヘッセとかシェイクスピア、ギリシア悲劇といった西洋の古典である。大学に入ると政治学や経済学の本も増えていった。

結婚して生活が苦しかった頃、新しく本を買うお金もなく、主に本駒込図書館の開架式の本棚から借りて読んだ。二十九歳で『谷根千』を始めてからもずっと、わたしはヘビーな図書館利用者だったが、地域の皆さんが「この本知ってる？」と近所の人が書いた私家版などをくださるので、あまりお金を使わずに地域史の基本書を揃えることができた。文京区史、本郷区史、下谷区史、台東区史、荒川区史なども「あなたたちのところにあった方が役に立つでしょ」ということで揃った。

大口の書籍寄付者としては、根津の今の赤札堂のところで大きな糸屋を経営しておられた津谷宇之助の息子さんの明治さんからいただいた本がある。この方は幕張の方にお住まいで、一度遊びにいらっしゃいというので、伺ってご馳走になったことがある。

幕張メッセというのを初めて見て、巨大さに驚いた。その後、ダンボールで何箱も津谷さんから貴重書が届いた。その時、一冊一冊に「津谷さん寄贈」とでも記入すればよかったのに、今では棚のあちこちに埋もれてしまっている。

最初にタウン誌大賞をいただいた時に柳田國男の全集が欲しかったのに、お金がなくて『岩本素白全集』しか買えなかった話を書いたら、向丘の煎餅屋の梅月堂さんが所蔵する三十冊以上を全部くれた。森鷗外全集は、「着払いでいいなら」と送ってくれる人がいた。『永井荷風全集』は堀切利高さんの旧蔵書である。『高村光太郎全集』は白山に住んでおられた清水さんという詩人の遺品である。

前田秀夫さんは一九八〇年代の不忍通りの街並みを全部写したものをアルバムに整理し

てくださった。藤原惠洋さんは藝大時代に修士論文を書くために集めたフィールドノートを、九州の大学に赴任する前に託していった。一九七〇年代の町が写った写真もある。郷土史家の小瀬健資さんが亡くなられた時に、ご遺族から小瀬さんの本や資料をいただいた。

一方、「あげましょうか」と言われたのに、遠慮してもらわなかった資料もたくさんある。その後、遺族がすぐ亡くなられ、跡継ぎもいなくて、家が更地になっていたりすると、「あの資料はどうなったんだろう。解体する時ゴミになったのだろうか。もらっておけば供養になったな」と思うのである。

一つだけ、不思議なプレゼントがあった。それは、女優の沢村貞子さんの秘書の方から、東京の下町や浅草の資料がありますが、お入り用ではありませんか、とご連絡をいただいた。「どんな本でしょうか」と伺うと、きちんとしたリストが送られてきた。沢村貞子さんとその姉で民俗学者、福祉活動家の矢島せい子さんの蔵書である。持っていない本だけ丸をつけて、ダンボール箱で送っていただいた。治安維持法下で新劇の女優として捕えられても意見を曲げなかった女優を尊敬していたので、嬉しかった。

それも旧蔵者の名を記す暇もなく、膨大な本棚に埋もれてしまった。

三十代からわたしは書評の仕事もし、五十歳で目の病気をしてやめた。この間、読み切れないほどのたくさんの本がわたしのところにやってきたが、家は狭く、置き場所がなく、泣く泣く手放した。家を建て、地下に書庫を作った友達が羨ましかったが、目の病気を抱えると本を読むスピードもグンと落ち、自分の仕事に必要な資料しか読めなくなった。

大学の教員になって研究室を得、その広さと本棚の多さに狂喜したのもつかの間、三年でこの仕事に見切りをつけて辞める時、本棚はすでに満杯になっていた。これもやむなく学生にあげ、大事なものは宮城県の畑のそばの小屋（これは別荘を持っていることを卑下して山小屋などというのとは違う、本当の作業小屋で四十平米しかなかった）に持っていった。ここに持っていくと、本も資料も新しい天地を得、新しい意味を持つ。わたしは滞在中、夢中で読書をした。そこも3・11の直前に町に返すことになり、八十箱分の本はその土地でできた友達や、町の図書室に寄贈してきた。

一時は、家、事務所、大学の研究室、畑の小屋の四箇所に分散していたわたしの蔵書は今は家と事務所と、本を置くために買った千葉の海の見える家にある。この家がまた木を切ったり、浄化槽をつけたり、雨漏りがしたり、ベランダが壊れたりと維持改修に出費がかさむので、本はさながら扶養家族のような感じだ。事務所は築百年の蔵で、その二階の四方にびっしり天井まで地域資料がある。テープ、写真の紙焼き、取材ノート、古道具などもある。これをどうするか、頭の痛いところである。

なくなったお店三つ

泰平軒

わたしが育った頃、家は歯医者で両親が二人で働いていたので、疲れると「出前でも取ろうか」ということになり、夕飯に寿司とか鍋焼きうどんとか、親子丼とか、ラーメンとか、よく取ったものだった。わたしが子育てする頃になるとインスタント食品があり、スーパーやコンビニもできて、あまり出前を取らなくなった。

向丘のお寺、瑞泰寺の境内に住んで母子家庭をやっていた頃、よく世話になった店がある。夜、会合で外出するときには近くの泰平軒に電話をして、「すみませんが、餃子とチャーハンとラーメン二つ届けてください」とたのむ。そうすると子供達は夕食にありつけた。翌日また自転車で、白い上っ張りを着たお兄さんが、「どうも」と言って丼を下げに来てくれる。

兄弟でやっている店で、この口をすぼめていう「ど〜うも」というイントネーションは、それだけでなんとも安心感や、町の連帯感を示すものだった。わたしがこの店のことをどこかに書いたら、それを見ていった人が、「なんてことのない店」という感想をツイートしていた。そういう人には来て欲しくない店だった。どこにでもある町中華なのは確かである。わたしは向丘から白山に越した後も、時々、一人の昼には泰平軒に行くのが楽しみだった。

店に入ったとたん気持ちが昭和になる。たたき、壁の木目合板、手洗い場のタイル、バラ色のデコラのテーブル、ビニール張りのいす、古ーいクーラー、全部昭和。壁にはもう茶褐色に変わったメニューが張ってあるが、こんなに時間がたったのに、二十年前くらいの値段でどうにかやっている。店主の兄弟の笑顔。置いてある朝日新聞、きょうはラーメンと半チャーハン、七百円。このラーメン、麺固めで、濃いめの醤油味で、シナチクにナルト。子供の頃、昭和三十代に食べた道灌山下の「百亀」のラーメンの味に近い。

万が一、この店の出前がなくなったら近所のお年寄りたちはどんなに困るだろう。と思ったが、ついに、震災後にやめてしまった。残念だ。

鳥ぎん

千駄木のすずらん通りでおなかがすいたら、「鳥ぎん」の白い暖簾が出ていた。ここも長く来てないなあ。昼もやっているんだとガラーリ。五目釜飯は二十分かかりますよ、というので、一旦お店を出て、折しも秋の芸工展だったので二つ三つ見学、ちょうど五目釜飯が炊きあがった頃、鳥ぎんにもどる。味はまったく変わっていない。おじさんもほとんど変わっていない。

「むかしはよくお子さん連れてよく来たよねえ」

「うん、この裏に住んでたから」

「いまはどこ？」

「白山のほう。ご主人はどこの生まれ？」

「岩出山、宮城県」

「やっぱり。東北の方かと思っていたんだ。わたし、いま宮城で畑やってるの」なんて話していた。

「そういえば、結婚式の晩も二人で来たよね。あんなラブラブだったのに別れちゃったんだって？」

突然、釜飯がのどにつまり、絶句。釜飯千五十円だった。

蛇の目寿司

予約が一年先まで取れない寿司屋があると聞いた。みんな帰るときに次を予約していく。谷中真島町の古い家、カウンターだけの寿司屋。最初に連れて行ってくれたのは小学校の先輩、着物姿の市川一郎さんか。カウンターは五、六人でいっぱい。親父さんが注文を受けてひたすら握り、おかみさんはお茶を入れたり徳利の御燗をする。ネタはいいし、分厚いし、おなかいっぱい食べても四千円いくことはなかった。

こんなことがあった。「空いてる？」と電話をすると、おかみさんが「あと三十分くらいかなあ」というので見計らって行ったのだが、カウンターの若い三カップル、まるで動く気配はない。よく食べてよく飲んで、女子たちがなんどもブーツを脱いではお手洗いにたつ。寿司屋の付け台でこんな長居あり？　後ろで立って待っているわたしたちを、親父さんがちらっとみる。「そろそろ一回りしたよ」とおじさんが暗に前の客を促すと、女の子が「じゃ、もう一回り行っちゃおうかな」というには驚いた。リーズナブルだからって、こういう客に占拠されたくはない。

ここで市川さんのお知り合いの、霞ヶ浦で水質保全をやっている奥井登美子さんご夫妻、登美子さんの弟で哲学の加藤尚武先生、外科の森岡恭彦先生などともご一緒した。3・11以後で、森岡先生は自治医科大学時代の教え子が沿岸部の病院で津波の犠牲になったことに心を痛めておられた。

まもなく、蛇の目寿司閉店のお知らせ。これも東日本大震災のせいで、大家さんに「耐震性のない物件を貸せないから」といわれたと聞いた。まあ、主人とおかみさんの年齢を考えると潮時かもしれぬ。でも、蛇の目寿司を失うことは耐えられない悲しみだった。

母の日によせて

高井有一『この国の空』を読んだ。戦時中の空襲や建物疎開や隣組のことが具体的によくわかる。主人公は十九歳の娘で、父は亡く母と暮らしている。隣の三十八歳の銀行員は妻子を疎開させて一人暮らし。この二人がだんだんに惹かれあい、ついに一線を越える。

谷崎潤一郎賞も取った作品だが、わたしにはいろいろ不可解だった。なんで、分別のある男がそんなに安易に不倫をするのか。戦争という極限状態の中とはいえ、娘の将来を考えないのか。三十八歳の既婚女性と十九歳の青年というケースにはなぜならないのか。男性目線で描かれすぎているような気がした。

もう一つはここに出てくる母親が不可解である。なぜ空襲を受けて夫や子供、家まで失った実の姉にこれほど冷たいのか。せっかく教員になろうという娘を妨害して、花嫁修業をさせようとするのか。

そんな不満を持ったのは、まさにわたしの母が十六歳で、浅草であの三月十日未明の東京大空襲を経験しているからである。母は養父母と隣組を率い「観音様が守ってくださる」とひょうたん池のほとりへ逃げ、お互いの火の粉を池に浸したヤツデで振りはらい、一夜を過ごして生き延びた。

翌日、上野駅でおにぎり一つをもらい、罹災者列車で父母の故郷、山形県の鶴岡に向かい、世話になった家で、二年二回、コメの作付けと収穫を手伝った。一方、学生演劇に参加して「本当の青春」をすごした。そして、雪の中を十九時間かかって上京して受験、歯科医になった。

それだけでも、小柄な母に、わたしはかなわない気がするのである。

母の姉、近藤富枝も東京女子大を出て文部省に勤め、教科書を編集し、終戦時はＮＨＫのアナウンサーだった。その後、将校だったために公職追放にあい、職を失った夫を支え、農業をしたり、毛糸屋をしたあげく、勉強して大学教授になった。同時代でもこういう生き方もありえたのに、とわたしは同世代である小説の娘さんのために悔しかった。

わたしが子供の頃、母は焼け残った長屋を改造して、父と医院を開業しており、忙しいので、ほとんどかまってもらえなかった。わたしは二歳下の妹ひろみのお守りをさせられていた。母の気をひくために「ひろちゃん、うんちだって」とわざといって、診療中の母を困らせた。その頃は保育園などというものはなかった。

「勉強しろ」と言われたことは一度もない。忙しい母の目を盗んで、わたしは映画を見たり、喫茶店に入り浸ったり、芝居に夢中になったり、自由に東京中を駆け回っていた。それでも家に帰るとマスクを外した母に「あ、映画館くさい」とバレてしまう。この人は千里眼だ。休診の日、母は服を縫ったり、編み物をしたり、ケーキを焼くのにかまけていた。それがストレス発散の時間だったのだろう。

そんなわけで、歯医者の母はわたしの就職にも一切口を出さず、というか、専門が違いすぎてアドバイスもできなかったのだろうが、不採用で履歴書が返されるたびに「また戻ってきたよ」と辛そうにいうだけだった。

今になって思う。妹や弟が拾ってきて面倒もみなかった二匹の犬に餌をやっていたのは母だった。それだけでもエライ。

ありがたいのは、子どもに過度の期待を持たなかったことだ。いま巷にあふれる「母原病」「母が重い」「親という名の暴力」といった本を読むと、専業主婦の母親が自己実現できなかったため、子どもに過度な期待を抱き、受験戦争に駆り立てるのみならず、我が子をエリートとして成功させることだけが目的になる、おそろしいことだ。

そんな母親に育てられた安冨歩さんは、現在は女性装の東大教授として知られているが、その息苦しさのため、「中高生の時は自殺と無差別殺人の衝動といつも戦っていた」（朝日新聞、二〇一七年三月六日付）という。

我が母も、昭和三十年代、教育ママの世代だから、一応はわたしに中学受験をさせたのだが、「勉強なんてしなくていい。まぐれで受かればめっけもん」という程度だったので、わたしはそれほど生きづらさは感じないですんだ。それでも入った中高一貫校にわたしはなじめず、母を恨んだこともある。父は一貫して「お受験」なるものに反対で、「普通がいいんだ、中学は区立、高校は都立に行け」と言っていた。

母はわたしと性格が似ていない。母は強気で、前向きで、科学的で、泣かない。わたしは小心で、懐旧が好きで、非科学的で、よく泣く。母のクールさやテキパキしすぎるところが、ぼんやり者のわたしには嫌だったこともあった。でも離婚したとき母は言ってくれた。「女が仕事をするのに夫は邪魔よ。わたしもどうしてもお父さんを立てちゃうものね。子育てが終わった頃、いい恋をして、老後はまた誰かと暮らせば？」と。助かる言葉だった。「誰か」はゼンゼン現れないが。

母は八十八歳になり、今も趣味のちぎり絵を楽しみ、文京区千駄木にある旧安田楠雄邸の公開ボランティアをしている。「そろそろ一緒に暮らそうか」というと、「元気なうちは一人がいい」そうだ。返す刀で「あんたも還暦過ぎてまだ自転車で飛び回っているなんて。うちのおばあちゃんなんか、あんたの歳には浅草で毎日こたつとって芝居見てたわよ」とバッサリ。

話をそらそうと、「お母さん、四十過ぎたら痩せたわね」というと「子供の残飯、犬が食べてくれたもの。あんたも痩せたかったら犬を飼えば?」。返す刀も見つからない。

母の日、なんていまさら照れくさい。でもようやく、米寿を迎えた母の人生の聞き書きをすることにした。

ヤマサキという人 ——山﨑範子

わたしの生涯最大の衝撃は『谷根千』を共に創刊したヤマサキノリコと出会ったことである。川口生まれで実家は時計屋、家業が忙しくて、家族旅行にはおろか、家族で一緒に食事すらしたことがないという人。高校時代はセーラー服スカートを引きずるがごとく長くはき、ペチャンコの革カバンを抱えて学校へ行ってくるといっては盛り場の映画館にもぐり込んだ不良少女。

高校を出て出版社に入り、突然知識欲に目覚め、美大卒のデザイナーに目がハートになり、彼を下宿先で待ち伏せするなど追いかけ回したあげく同棲、親からは勘当され、銭湯代もままならぬ。わたしが出会ったのは二十《はたち》で駆け落ち、二十四で長男岳を産んだ頃のヤマサキで、子供がいるとは思えないほどの〝少女〟（美はつかないが）であった。

ところが見た目とは内容はウラハラ。わたしとオオギはDNAが近いせいか、気が小さい。比べてヤマサキって本当に肝が太い「泰然自若の女」。「税務署が来るんだって、どうしよう」とおろおろするわたしたちに「来るなら来なさい」と微笑むヤマサキ。この人のすごいところはどんな難問にも「一秒で答えが出る」こと。要するに何も考えないヤツなのだ。

しかし天才的な勘で、たいていその結論は間違っていない。道徳的にも社会経済的にも。人を見分ける勘も鋭く、学歴、経歴、見てくれ、世辞《せじ》には一切動ぜず、イバル、セコイ、タイクツな人間には「鳥肌」というセンサーが作動する。区長選の候補者選びでセクト主義がぶつかり合い紛糾した時、ヤマサキの「こういう時、強い方、大きい方が退くのがスジじゃないでしょうか」の一喝で事が収まった、という話は（わたしはその場にいなかったが）後々の語り草で、「あれには驚いた」「尊敬しました」の声は高い。

〝頼れる姉ちゃん〟のヤマサキには男性ファンも多く、その度胸に似合わず、カラオケでは澄んだかわいい声でアグネス・チャンなど歌うもので、求愛も数知れず、しかしここでヤマサキの第二の特質をバラせば「ウソをつける女」。何でも思ったらすぐ口に出る、顔に出てバレるわたしと違い、この人には嘘発見器は使えないというほど平然とシラを切る。だからわたしはヤマサキの恋愛関係および私生活は一切知らない。しかしヤマサキは自分の責任逃れや得をするためにはウソはつかない。つねに人をかばうために、ウソはあるということらしい。

ヤマサキの困るところは「人のものは自分のもの」という「原始共産制の女」。わたし宛に届く宅配便のみかんも魚も「まゆちゃん帰るまでに腐るといけないから食べちゃったぁ」だし、わたしが貸した本は勝手に人にあげちゃう。「本は天下の回りもの」だって。「その服、まゆちゃんより私のほうが似合う」と取り上げることも多い。そして「金は低きに流れ、服は細きに流れる」鉄則の通り、ああ、決してわたしに還流することはない。

あまりの貧乏を見かねて一万円あげたら、その日のうちに家族でステーキ食べたとか。そのくせ、いいと思うと例によって度胸よく三万円の陶器でも、八万円の絵でもパッと買うので、わたしよりいい物をたくさん持っているのが、がっくりというかシャク。

も一つ困るところは「退屈はすぐ顔に出る女」。社会的に地位があろうが、『谷根千』がお世話になっていようが、つまらない人だと会合でも食事してもいかにもつまらなそうな顔になり、そのうち居眠りを始める。わたしは「失礼じゃないか」とあわてて愛想よくふるまう。「だって私、まゆちゃんみたいに営業スマイルできないんだもん」「いっしょだとラクだわー。喋らなくてすんで」。なんだわたしは弾除けかよ、といつも損な役回りのわたし。

ただしよく働くヤマサキはよく編集や版下作りで徹夜していたので、昼間は眠くなるのは当然だった。一度、団子坂下のドトールに、夜明けのコーヒーを一人で飲もうと入ったが、いったんトイレに入ったら坐って眠ってしまい、気がついて出てみたらコーヒーは冷めていた。

ヤマサキはわたしの命名によれば「嵐を呼ぶ女」。本当に面白そうな事件にばったり出くわすのである。富士銀行（当時）根津支店で全裸のストーカー男を見た事件。この話を友人のうちへ行ってすると、その人はあわてて二階へ上り、夫がいるのを確かめたというのがついでに大笑い。

荷物をのせすぎた大八車が三崎坂でひっくり返ったのを目撃した事件。ショーウィンドーの巨大カボチャをじっと見てたら店主が「あげましょうか」というのでもらってきた事件。夜店で売れ残ったカブトムシを公園のゴミ置き場に捨てているのを目撃した事件。これにはおまけがついて、ヤマサキ、そのビニール袋ごとカブトムシを拾い（救い）、育てて夏の子どもの夕涼み会の景品に配ったのである。

自分の事件も多い。北海道へのフェリー上で子どもをかばおうと顔面を鉄柱に激突させた事件。尻相撲で自分の尾てい骨を折った事件。上野東照宮のお祭りで『谷根千』を立ち売りしていたら、カラスのほうから目玉に飛び込んできた事件。「なんであんたにばかりいろんなことが起こるの」という人である。

そしてきわめつけは「肉体派の女」。頭はあまり使わないらしく直感のみだが、体は本当によく使う。『谷根千』の配達はほとんどヤマサキに頼っている。そのため足のモモは筋肉でうんと太くなった。お産をした仲間の荷物を持つ、食糧を届ける、布団を干す、何でも嫌がらずにやってくれ、わたしとオオギはこれにおんぶにだっこで来た。だから三人の中でヤマサキ一人、創刊時の体型を維持している。坂特集の「この坂は自転車で登れるか」とか、そば特集の「コンビニそば、トーナメント大会」などはわたしにはとうてい思いつかない肉体派の好企画であった。

田端にいた室生犀星は「福士幸次郎のことなら一冊書けます」といった。これに答えてサトウハチローが「ボクは三冊かける」と豪語したそうである。ヤマサキは福士幸次郎と同じような、今の世にもめずらしい「バカな女」である。書く人でなく書かれる人なのだ。最後にいえば、本当に「気のいい女」。雪の日に遅く来るのは一人暮らしの読者の玄関前の雪かきをしているからだし、「ヤマサキさんにちょっと豆腐一丁買ってきて、と伝えて」と電話がくる。地方からの人を自分の家に泊める（もっともタイから紹介で来た人は、こんな狭いうちに泊まれないと帰ったそうだが）、今も亡くなっただんなの実母の介護に月に一度はあの手この手で高知へ帰る。

「そのわりにモリさんは何もしませんねえ」といわれたら、言い返す。「でもわたしは仕事仲間のヤマサキがそうするのを許容してるんです。それって大変なことなんですよ」。

Ⅲ

陰になり　ひなたになり

粕谷一希さんの支え

粕谷一希《かずき》さんとはじめて会ったのは一九八六年頃、新人物往来社の大出俊幸さんと毎月催されていた史遊会だとおもう。広い座敷の懇親会には歴史小説作家、綱淵謙錠《つなぶちけんじょう》さんなどもおられ、新撰組や会津鶴ヶ城などが話題に上り、なんとなく佐幕の雰囲気が漂っていた。

わたしは一九八四年に女三人でささやかな地域雑誌『谷中・根津・千駄木』を始め、その翌々年に粕谷さんが編集長を務める雑誌『東京人』が創刊された。粕谷さんが『中央公論』編集長を務めた大編集者であることは知っていたが、二十代の終わりだったわたしは、都の肝煎りで創刊された、より大きな雑誌の傘下になりたくないという反抗心の方が強かった。それでも執筆陣には知人も多く、やがて、わたしも原稿を書くようになった。

八〇年代から九〇年代にかけて、粕谷さんにはご馳走していただいた思い出が強い。話すばかりで食べることのできない立食パーティのあとなど「口直しにいきましょう」と粕谷さんが公衆電話から予約してくれる店はどこもとびきりおいしく、シングルマザーで子ども三人を育てていたわたしには夢を見ている感じだった。

粕谷さんはイギリスのポール・ウェイリー氏から「いま東京では『谷根千』という雑誌が一番面白い」と聞いてわたしに興味を持たれたのだという。それと大学時代、一番影響を受けた本にわたしが藤田省三『現代史断章』をあげたことが気になったそうである。

いっぽう、わたしの大好きな萩原延壽『馬場辰猪』や中公新書の石光真人『ある明治人の記録――会津人柴五郎の遺書』の出版にも粕谷さんは関わっておられた。もっとも後者はサブをタイトルにすればよかったと、なんども言っておられた。同感だ。

山の手のエリートの粕谷さんと下町長屋育ちのわたしには感覚の相違もあるのに、塩野七生《ななみ》さんや瀬戸内寂聴さんや鶴見俊輔さんや幸田文全集のことなど、そう口数の多くはない粕谷さんから聞く戦後の出版界の話はとても面白かった。深沢七郎の「風流夢譚事件」で中公の社長宅に右翼が襲撃した事件で、『思想の科学』が中公から離れたときも、粕谷さんはその収拾の当事者であった。

一九九一年にわたしは婚をほどき、母子家庭となった。そのころ粕谷さんに「何か評伝を書いたらどうか」と誘われ、自分に身近な『樋口一葉――ささやかなる天地』をTBSブリタニカの『季刊アステイオン』誌に一回書かせていただいた。粕谷さんはそれでは満足せず「鷗外をお書きなさい。若いうちに大きな人の胸を借りておくといいですよ」といわれた。粕谷さんのオウガイという時の発音は丁寧で特徴があった。『鷗外の坂』は毎回五〇枚ずつ九回という場を与えられた。同時期に『東京人』には『彰義隊遺聞』を連載させていただいた。

この二つの連載で暮らしを支えられたのみか、両方ともわたしの主著といえる(一葉はその後、共同通信にコラムを連載して、岩波新書『一葉の四季』になった)。

わたしは鷗外の小説のなかで『青年』をそう好きではないが、粕谷さんは青年期の男同士の先輩後輩の友情という点から「気持ちがよくわかる」としきりに共感されていた。いっぽう「徳川慶喜は冷たい男で好きになれない」ということでは評価が一致した。

粕谷さんは給料や研究費を与えられながら、さしたる仕事もしない学者には手厳しかったが、フリーの物書きの暮らしには同情があって、原稿料も大学に職のある方よりは多くいただいたと思う。九〇年代はまだ出版事情が今よりは少しよかった。また本をお送りすると、かならず懇切な感想や励ましの手紙をくださった。

とくに二〇〇九年に二十六年続けた地域雑誌を終刊するさい、「雑誌には時代とともに生きる使命があり、それを果たしたならば潔くやめるのがいいと思う」という励ましの手紙をいただいた。ようやく肩の荷を降ろせる気がしてありがたかった。

ほかにも雑司ケ谷墓地を探墓したとき、「サトウハチローは実に甘い。甘いけどいいね」とにっこりされたのが印象深い。五中（現・小石川高校）―一高―東大というエリートの粕谷さんを妙に身近に感じた。とにかく五中が大好きで、小石川高校卒業の人をかなり贔屓したのは確かだ。

著作では『二十歳にして心朽ちたり』と『鎮魂 吉田満とその時代』がいい。なぜ最初の本が遠藤麟一朗という、無名の商社マンだったのか。ようやく最近わかってきた。後者は吉田満と同じ東京高校から、東大の化学にすすみ、江田島で海軍将校として松根油の開発に当たっていたわが伯父と重なる部分が多かった。

わたしが低空飛行ながらも文筆渡世を続けてこられたのには、いろいろな方の協力があったが、とりわけ粕谷さんという紳士が陰でしずかに支えてくださったからだ、といまになっておもう。

鶴見俊輔さんの遺言

高校生の頃、たまに雑誌『思想の科学』を買って読んでいた。鶴見さんの本で最初に読んだのは久野収さんとの共著『現代日本の思想』（岩波新書）。

一九八四年に地域雑誌『谷中・根津・千駄木』を創刊してまもなく、わたしは毎日新聞に書評を書くようになったが、そこで出会った高田宏さんが「『谷根千』、鶴見さん見たら喜ぶよ。こういうの大好きなんだ」といわれた。現代風俗研究会（現風研）の多田道太郎さんには、谷根千をご案内したときから雑誌を毎号送ることになったが、鶴見さんとお会いしたのはずっとあとのことだ。

それより先に北沢恒彦さんにお会いした。北沢さんは地域雑誌『谷根千』を「土地が呼び出した妖精」と書いてくださった。地霊じゃなく、妖精というところが北沢さんらしかった。そして『京都ｔｏｍｏｒｒｏｗ』というタウン誌の勉強会に講師として呼んでくださったのだが、そのとき鶴見さんは見えなかった。それでもみんなはそこにいない鶴見さんの話で盛り上がり、「まるでお通夜のようだね」と誰かがいった。それだけ、京都で鶴見さんの存在感は大きかった。

一九九四年、『思想の科学』で雑誌の特集をするので、鶴見さんが対談したいという。「東京まで行く」というのだが、体調を崩されたあとだとひそかに聞いたので、「わたしの方で京都に参ります」と申し上げた。京大会館というところに、ジーパンにリュックサックで到着。そこの暗いベンチに鶴見さんがちょっと疲れた風にぼんやりと座って待っていてくださった。

那須さんという背の高い若い人もいたと思う。何を話したかより、鶴見さんの大きな目と、緩急自在な間合い、瞳の奥の悲しみ、「そうなんだ」といっては拳を振り上げて力説する姿が忘れられない。内容はみすず書房の全三巻の書評集（『鶴見俊輔書評集成』）に一つだけ入っているこの対談を読んでいただくとして、「キーパーソンという言葉の使い方、市井三郎がこの雑誌を読んだら喜ぶよ」「谷根千には国家の事なんか知っちゃいない、自分はこの横町、この路地の事しか分からないという人がいる。それで生きていけるというのがいいんだ」といわれたのは心にのこっている。天下国家を無理して考えない。この地域で楽しく生きていく。この地域を侵すものとは戦う。それでいいんだ、とあらためて思ったのである。

印象的なのは、帰りに鶴見さんが「『谷根千』と同じことをした人の溜まり場へ行きましょう」といって、高瀬川沿いの「フランソア」という喫茶店に連れて行ってくださったことである。そこは戦前、斎藤雷太郎という人が中心となって編集した『土曜日』という反ファシズム統一戦線の雑誌を置いて広めた場所であった。中井正一、真下信一などの人々も関係していた。「私はその時代には京都にいないからね」と鶴見さんはいった。

さらに鳥鍋でも食べに行きましょう、といい、小雨が降って来たのに、車道に立ってタクシーを拾おうとする鶴見さんの一所懸命な姿が後々まで目に残った。鳥鍋屋さんに着くと、女将が奥からまろびでるという感じで「まあ、せんせ、ようこそ」と座敷に案内した。京都で学者は大事にされるというけど本当だなあ、とおもった。白いスープの鳥鍋は、この上なくおいしかった。

毎日新聞で橋爪大三郎さんと一緒に鼎談したこともある。「森さんの文章はとても大学出たとは思えないね。幼稚園出たてという感じだ」といわれた。それは褒め言葉らしかった。「森さんみたいな人がマルクス主義にいかれなかったというのも不思議だね」とも。実は一度はイカレタことはあるのである。ただ、引き返すのが早く、アナキズムの方により親近感を持ったのだ。鶴見さんからはわたしの会えなかったアナキスト石川三四郎についての話も聞いた。

「一所懸命仕事をしておくと、本は子どものようなもので、あとまで親孝行してくれる。私の本で別の出版社から七回出た本もありますよ」。それは大きな励ましだった。最近、二度目の文庫化を提案いただく時に、鶴見さんの顔を思い出す。そのときいただいた本は『らんだむ・りいだあ』だったとおもう。「自己嫌悪に陥らないで読み返せる数少ない本です」。そう、鶴見さんはいった。

もう二十年ほど前だが、『思想の科学』の東京の読者会にもお招きいただいた。浅草の伝法院で、なぜか坪内祐三さんとわたしでトークをしたのだが、そのあとの懇親会は米久というすき焼き屋だった。それぞれが好き勝手なことをいう。とくに五十年も雑誌を続ける大変さについて。ある人は借金を、ある人は在庫を、ある人は人間関係について辛辣な意見を述べた。

鶴見さんはそれらを聞くより、しきりに帳場に牛肉を追加注文する。食べきれないほどの肉が並ぶ。ここにも鶴見さんの一所懸命さが出ていた。こんな仲間うちの会に出るのは場違いだなあ、と坪内さんと月の輪書林の高橋さんと先に失礼した。

鶴見さんはわたしが新刊を送ると、読みにくい、小さな字の葉書をくださった。わたしが五十になって原田氏病という自己免疫疾患を患った時の『明るい原田病日記』を送ったときのことだ。鶴見さんのはがきには「あなたのお父さんはえらい人ですねえ」と書いてあった。父は一介の下町の歯医者だが、あるとき突然「アメリカに行きたい」といい出した。海外旅行はハワイ一回で凝りてパスポートももっていなかった。なのになんで、と聞くと「ホワイトハウスに行ってブッシュに会って、バカヤロといってやりたい」と幼稚なことをいうのである。ちょうどイラク戦争のさなかであった。

『谷根千』をやめた時、オクスフォード大、ハーバード大、エール大、ミシガン大などがバックナンバーを注文してくれた。終刊とともに鶴見さんに報告すると、「それはよかった。きっと大事な資料として活用されると思います」というお返事をいただいた。

鶴見さんとはそれほど頻繁なおつきあいでもなかったが、お会いするといつまでも忘れない言葉、まなざし、しぐさが残る方であった。最後は3・11以降だと思う。『青鞜』百年を記念して、瀬戸内寂聴さんのインタビューにうかがった帰り、編集者が能登恵美子さんの本の序文をいただくために鶴見さんのところへ行くと言い出した。わたしは「ご体調も有るだろうし、今回は遠慮したら」と気が進まなかったのだが、とりあえずついていった。

鶴見さんはわたしにとって短い、最後の機会に、「これからの世界で大切なのはエクストリーム・ローカルということですよ」と大きな目をもっと大きくして何度も言われた。この言葉をこれからも抱きしめていきたい。

温かい手のやわらかさ——瀬戸内寂聴師

たしか東京オリンピックのころ、NHKのドキュメンタリーで『風雪』という番組があった。まだ白黒テレビで、夜の九時からだが、歴史の勉強になると特別に起きて見ることが許されていた。このとき平塚らいてうという女性が、森田草平との雪の塩原心中未遂事件を起こして社会的に批判されてなお、不死鳥のようによみがえり、三年ののち、日本で最初の女性解放誌『青鞜』を創刊したのを知った。その後、らいてうは自分と小学校と中学校が同じだとも知って意識するようになった。

中学三年の修学旅行にわたしは瀬戸内晴美『美は乱調にあり』を持って行き、バスの中でもひたすら読み続けたので、その時の風景は何も覚えていない。それはあの平塚らいてうが起こした『青鞜』の経緯が初めてわかった日であった。そしてあらたにらいてうを助け、辻潤と大杉栄二人の男と激しい恋愛をした伊藤野枝という魅力的な若い娘と出会った日でもあった。その『青鞜』の発行所が、わたしが毎日のように通る団子坂上、駒込電話局のところだと知ったときも興奮した。

高校になって、伯母の近藤富枝が『青鞜』をテーマにした芝居を観に行くからと誘ってくれた。新宿だかのそれほど大きくないホールへ行くのも緊張したが、それより芝居がはねた後に引き合わせてくれたのが伯母と東京女子大学の同級生の原作者、瀬戸内晴美先生で、まだたっぷりとした御髪《おぐし》を結び、ゆるやかに着物を着ていらして、握手をしてくださったのだが、その手がとてもやわらかくあたたかかったのを覚えている。活躍している作家を仰いだ初めての体験であった。

それから大逆事件において、女でただ一人罪を問われた管野すがを扱った『遠い声』、大正末に朴烈とともにこれまた大逆罪で捕われた金子文子の『余白の春』を読み継いだ。もちろん瀬戸内氏はひろく小説、仏教書、源氏物語の現代語訳など旺盛な創作活動をつづけておられるが、わたしが一番好きな作品は上に挙げた三作である。いずれも国家に刃向かって自由な生き方をしたため、生を奪われた女性たちが主人公である。そのときでなければ会えない関係者に会って書かれており、登場人物はあたたかい目で実物より美しく描かれているのではないか。

これらは権力に反抗し、自由を希求した女性たちに心を寄せた伝記小説という点でも時代に先駆けたもので、長く読み継がれることだろう。そしてわたしのように、読書をきっかけに、それらの人々を研究する人も続くのではないか。小説の中では『夏の終り』がほろ苦くて、まっすぐで、せつなくて好きだ。

それからずっとお会いすることはなかった。一九八〇年代半ば、本郷の法真寺での一葉忌で久しぶりにお目にかかった時は得度なさって瀬戸内寂聴師となられ、黒い法衣をお召しだった。地域雑誌『谷根千』を始めたばかりのわたしを、またやわらかい手で握手してくださった。それは大きな励ましとなった。

それから、また二十年ばかりがたち、わたしも本を書く端くれとなった。徳島県立文学書道館から「寂聴招待講座」での講演の依頼があり、徳島の会場に着くと先生が京都から車を飛ばしてこられた。招待といっても講師の人選だけなさるのだろう、と思ったので、驚き恐縮してしまった。そしてわたしを壇上から紹介までしてくださり、「この人のお母さんを私は知っていますが、お母さんの方が美人ね」とおっしゃった。その通り、母は鼻の高い、目のぱっちりとした美人で、わたしはお団子鼻の父親似なので笑ってしまった。その母は瀬戸内さんの計らいでお見合いもしたことがあるという。

講演後、徳島の一番いいホテルで、西洋料理のフルコースをご馳走になった。そしてたくさんの取材秘話や文壇秘話を聞かせていただいた。先生は食欲旺盛で、港町ならではの魚料理が次々出る中で「肉はないの？　肉は」といわれたのを思い出す。俳人の鈴木真砂女さんがやはり、昼は必ずステーキを食べるとおっしゃっていたのを思い出し、長生きするには肉かな、とおもったりもした。法衣すがたの先生は故郷徳島ではことに有名で人気者で、帰りのホテルのロビーでも握手や写真撮影をせがむ人々に囲まれたのだったが、いやな顔一つせずに応じておられる姿に、ただただ感嘆した。

何年か前、『青鞜』百年を記念してある雑誌で対談することになり、初めて京都嵯峨野の寂庵をお訪ねすることができた。平塚らいてうの書いた文章では『独立するについて両親に』が一番好きであること、また伊藤野枝の二人の男の中では、大杉栄の方が一般に人気があるものの辻潤のほうが好き、ということなど、意見が一致してうれしかった。

そうして「私が書いた人でもあなたはあなたなりにまた書けばいいのよ」とおっしゃり、「あの人を書いたらどうかしら」と提案までしてくださるのである。その企画はそっと胸に温めている。そのときもまた、見たこともないおいしい京料理をご馳走になって、御所の近くの古民家にとめていただいた。ある老学者が活用を願って先生に遺言で託されたものという。足が宙を踏むような、夢のような一日であった。

『美は乱調にあり』を読んで、「畳の上で死ななくてもよい！」と短くてまっすぐな生を願った少女のころを忘れたくない。

杉浦明平さんに聞く

どういうわけか、『当てはずれの面々』という本を書かれた杉浦明平《みんぺい》さんの話を聞いてこいと『新刊ニュース』の編集者が言う。前の日に豊橋グランドホテルに泊まったのを覚えている。それがグランドというにはショボすぎるホテルで、狭くてやに臭い部屋で一夜、悶々と過ごした。そして翌日、渥美半島の杉浦さんの家を目指した。わたしは『小説渡辺崋山』『ノリソダ騒動記』『台風十三号始末記』などのファンであった。

「やあ、いらっしゃい」と迎えてくれた杉浦さんは、丸首の白いシャツに、普通のズボンでいかにも村夫子《そんぷうし》に見えた。気さくな方だった。

「遠かったでしょう。渥美半島までよく来てくださいました。僕は人と話すのが好きだから」とニコニコしている。

ここはお魚がおいしいでしょう。

「僕は生きた魚しか食べてない。カレイ、コチ、メバルとかね。東京の学生時代は魚がまずくて閉口しましたよ」

今も畑をなさっているんですか。

「二反五畝くらいかな。元はもっとやってたけど、今は体がもたないし、農薬を使いたくないと草取りが大変でね。珍しい野菜を先駆けてやったんです。サニーレタスとか、ブロッコリーとか、もう三十年やってるね。ローズマリーとかセージとか、ハーブもやってますよ。臭いって家族には評判良くないんだけど」

杉浦明平は一九一三年、渥美半島の小地主の家に生まれ、旧制豊橋中学で四年過ごし、十四歳で上京、一九二六年、当時の最難関であった旧制一高（第一高等学校）に入る。二つ上に中村真一郎、同級に木下順二、花森安治、扇谷正造、田宮虎彦、一級下に立原道造、寺田透、猪野謙二、退学した森敦がいた。「みんな死んでしまったね」。

一高は今の東大農学部のところに時計台のついている建物があったのですね。

「僕ら田舎出身者はみんな寮ですね。一高正門主義というのがあって、十時が門限で、正門以外から入ると停学なんて馬鹿馬鹿しい規則があった。だから閉まったら、三メートルもある正門をよじ登る。僕は小柄だから往生しました。門衛さんに助けてもらったり。

それでも門は開けてくれない」

当時の一高には全国から秀才が集まったんでしょう。

「嫌な奴もたくさんいました。一高オンチ、一高至上主義者というかな、官僚になるだけが目標でね。うちの父も僕にはそれを願っていたけど、大学に進学する締め切りの日に法科から文科に変えたら親父がげっそりしてね」

どんなお父さんだったんですか。

「親父は在郷軍人だったけど、町長をやったり、漁業組合長をやったり、農業組合長をやったり、やたら長がつくのが好きなんですよ。肩書きが好きで、女遊びが好きで、明治の田舎者の典型です」

東京に来て何かが変わりましたか？

「周りは進歩的な学生ばかりで、天皇制とかブルジョワ地主打倒を叫んでいるし。僕も天皇制なんてなくなってもいいと思いましたが、地主出身の自分がどうしたらいいのか、わからなかった。このコンプレックスは長い間、僕を苦しめましたね」

一高に入った頃は青山に住む歌人土屋文明のところに出入りしていた。

学校の授業は真面目に出てたんですか。

「全く出なかった。あの頃の国文学の授業ほどつまらないものはなかったです。僕が唯一売り飛ばした本は国文の教科書だったね」

一高と大学時代は十年、ずっと本郷で過ごした。六畳あればいい方で、本はみんな廊下に置いていたという。寮時代はもちろん、下宿は賄い付き、だが昼まで寝ているので食べたためしはなかった。

「よそでうどんをかっこんで、晩飯は屋台で食べてた。あまりいいものは食べてない。行ったのは古本屋とカフェだけ。明治製菓とか森永製菓が銀座でハイカラなカフェをやってたんだよね。あとドム・テオリアという店にもよく行った。若い女の子が給仕をしていて、ちょっとかわいい子がいると一高中の評判になった。主人がロシア語も話せてね。新劇の連中も出入りしていたな」

詩人立原道造と出会ったのは一高の短歌会だという。

「古本屋を回るようになったのは立原の影響ですね。彼は日本橋に住む江戸っ子で、本にはうるさくて、初版でなければいけないとか、路地裏の古本屋にも精通していた。伝通院を通って早稲田の方へ行ったり、神保町や日暮里に行ったり。ずいぶん一緒に歩き回ったものです」

今も棚澤書店の建物なんかそのままでしょう。

「あそこの主人にはお世話になった。一高の学生は酒代がなくなると棚澤さんに辞書を質草に入れて、独和中辞典なら三円位は貸してくれた。僕はしなかったけど、寮の仲間に本を勝手に質に入れられて往生したことがあったな」

一九三五年、雑誌『未成年』をお出しになりましたが、立原と寺田透が絶交して廃刊とあります。

「立原は本当に雑誌が好きだったし、編集能力もあった。彼の不在は大きかった。紙を選んだり、雑誌という形態を作ることそのものが好きなんですね。空想するのも好き。思いつくと話が止まらない。聞く方はうんざりでした」

でもウマは合ったのでしょう?

「まあ、合ったんでしょう。立原は人形町の明治座の近くに住んでいて、生家は魚河岸の木箱を作る。父親が早く亡くなって、立原道造商店という看板がかかってて、そこの屋根裏部屋にいた。あまり人を呼びたがらないんだが、僕はよく通った。本が山積みだったけど、思ったより広かったね」

立原は杉浦さんの郷里、渥美半島や伊良湖崎をおとずれたこともあった。

本郷のペリカン書房の品川力さんはご存知ですか。

「ええ、書房になる前はレストランでね。あそこは立原が好きだった。僕はもっと野暮ったいものが好物なんだけど、立原はあのフランス式の食堂みたいな日本離れしたものが好きで、店でかける蓄音機のドビュッシーなんかも楽しみにしてた。彼が長崎で倒れて、寝台車で東京の療養所に運ばれた時に、何が食べたいか聞いたら、ペリカンのハンバーグ定食が食べたいというから持ってったことがあった。もう体がうごかせなくて、春が来たから外を見たいと言って、鏡に外の景色を写していた」

杉浦さんは立原が二十四歳でなくなった後、彼の蔵書を整理し、最初の全集を編集もした。一九八八年には岩波文庫の『立原道造詩集』を編纂、長い解説も書いている。

立原道造の母方の祖先に、水戸の藩儒の立原翠軒と立原杏所《きょうしょ》がいる。杉浦さんの代表作『小説 渡辺崋山』の親友がその立原杏所。立原家のお墓は谷中三崎坂上の多宝院にあるが、杉浦さんは「東京にはめったに行きませんが、行けば墓参りに行きます」とのことであった。

大学時代というとまさに昭和初期の左翼活動盛んな頃ですね。関わらなかったんですか。

「議論はしましたが、実行する勇気はあの時代なかった。すぐ上の帝大新聞の人たちも治安維持法で捕まったし。帝大新聞で入れ違ったのが中村真一郎、あれは気取り屋で女の話を駄法螺吹いたり、憎めないやつだったな。中村光夫さんが僕の二つ上です。アナボル論争というのがありましたね。あそこでアナが簡単に負けちゃったのが禍根ですね。でも文学の上でいえばアナキズム系の方が仕事はしているんじゃないのかな。社会運動に関心なかったのは、そもそも僕は短歌が出発ですから」

小説はいつ頃から書かれたんですか。

「短編は書いてましたね。新感覚派の影響が大きかったですね。横光利一とか。そういえば僕は川端（康成）さんを訪ねたことがありますよ」

『浅草紅団』の頃だとすれば谷中の斎場の裏でしょう。

「ひょっとして浅草の踊り子を紹介してくれるんじゃないかと期待したら、銀座に連れてってくれて、内心がっかりしたね。会ったのはあれが最初で最後。芥川龍之介は死んじゃってたし。堀辰雄さんは立原の師匠ですから、会いました」

本郷よりほかは行かなかったんですか？

「いえ、上野や浅草には行きましたよ。谷中を越えて浅草まで歩いて、松竹の少女歌劇を見るんですよ。水の江瀧子は僕と同い歳じゃなかったかな。よかったねえ。夜七時過ぎると半額になる。映画は六区でチャンバラを見たり。ちょうど成瀬巳喜男《みきお》が出てきた頃で、あの人の映画には感心したな」

一九三六年、大学院に進む。

「進んだというより、籍を置いて、編集や校正のアルバイトをしてたんです。父の口きで興亜院の嘱託をやった。そこにいる軍人が横柄で肌は合わなかったけど」

ルネサンス研究をされたのはその頃ですね。

「外語がイタリア語の研究生を募集してたのでね。J・A・サイモンズの『ルネサンス・イン・イタリア』というすばらしい本がある。これを自分で訳そうと思ってね。イタリアの話は性にあったし、日独伊三国同盟ですから習いやすかった」

それ以降、杉浦さんはダ・ヴィンチやミケランジェロの手紙を訳したり、子供のために『クオレ』や『ピノッキオの冒険』を訳した。

戦前、発表できなかった原稿も含めた『暗い夜の記念に』では保田與重郎、斎藤茂吉、三好達治、志賀直哉まで、なで斬りだ。戦後は故郷に戻り、町会議員を務めながら、のり養殖業者の利権争いや一九五三年の台風十三号などについてルポルタージュ作品を書く。

『小説 渡辺崋山』で幕末に戻ったのはどうしてですか。

「戦前、崋山といえば蛮社の獄で幕府に逆らった人、忠君愛国の権化のように思っていたから近づかなかった。でも彼の書いた佐藤一斎の肖像画を見て、絵描きとしてはいいじゃないかと」

わたしも『一掃百態図』は好きです。

「写生は上手なんです。肖像画は下絵は生き生きとしているのに、完成するとぐっと落ちる。それはレオナルド・ダ・ヴィンチと比べるとわかる。ダ・ヴィンチは人物の手も足も生きている。渡辺崋山は当時の南画や日本画の約束を守るから勢いがない。そういうところがよくも悪しくも田原藩の御家老様なんですよ。まあ最後まで、身分の壁を打破できない人でしたね」

それで今度は『当てはずれの面々』、あの中で尾張の殿様徳川慶勝が面白かった。御三家の一つが新政府軍に寝返って、幕府が総崩れになるのがよくわかりました。土方歳三や中江兆民も面白かったです。

「土方なんてのは殺人鬼、はじめ変な男だと思いましたが、調べるうちに力が入って、もう少し生かしておきたかったなあ、と。英雄や豪傑は誰かが描くから、意外とパッとせずに終わった人に触れてみたくなる。徳川慶喜は徹底的に支配階級の優等生だと思う。民衆と向き合ったこともないし、そのことに後悔もない」

同感です。この書斎から、イタリア語の翻訳、ルポルタージュ、伝記作品まで生まれたんですね。

「ここは昭和三十四年の伊勢湾台風の前に建てたのですが、あの台風ではずいぶん本をやられました」

「いつでも来てくださいよ。ちょっと遠いかもしれないが」

そういって杉浦さんは高価なメロンが二個も入った箱をくださった。

風太郎大人との至福の時間　――山田風太郎

地上で、山田風太郎さんにお会いできたことを望外の幸福と感じている。

最初に読んだのは『幻燈辻馬車』だった。会津藩生き残りの男が孫をつれて辻馬車を走らせる。それに次々と乗る客の話だった。明治初期の根津遊廓を舞台に三遊亭円朝、坪内逍遥、松の家露八《ろはち》、赤井景韶が登場する。司馬遼太郎の描く上昇気流の明るい明治とは対照的に、負け組の影とかなしみ。あきらめが漂っていて心に残った。

それから水戸天狗党を描いた『魔群の通過』から『地の果ての獄』『警視庁草紙』へと、わたしは波瀾万丈、荒唐無稽のようでありながら「あり得ない話ではない」という風太郎作品にとりつかれてしまった。

同じ思いの古本屋、なないろ文庫ふしぎ堂の田村治芳さんと月の輪書林の高橋徹さんが「風太郎さんのとこ行こ」「行こ行こ」と急に盛り上り、聖蹟桜ヶ丘のお宅に上ったのは一九九四年の夏の暑い日だったと覚えている。初めてだというのに、なないろさんは裸足の雪駄ばき、月の輪さんはジーパン。三人は駅で「風太郎さんはウイスキーが好きらしい」というので駅前でホワイトホース一本とスイカを買って、お土産にぶらさげた。

出ていらした風太郎さんは白いコットンパンツにチェックのシャツで、「やあ、君たちは何しに来たの」といぶかしげではあった。しかし東京大空襲の話や、月の輪さんが初期の山田作品の稀覯本を持っていったことなどから、だんだん興が乗ってこられたらしく、ソファに落ちつき、煙草をたえず指にはさみながら、話が縦横に広がって尽きなかった。

「それで森さんは空襲のときはどこにいたの」

といわれて絶句すると、「だってあんまりよく、あのころの東京を知ってるからさ」とおっしゃった。私は戦後昭和二十九年の生まれである。

「森さんはうちの妻の若いときに似てるな」

といわれて喜んだりした。

最初は「先生」とかしこまっていたわたしたちも、みんなすぐ「風太郎さん」と呼ぶことになる。風太郎さんは文壇づきあいも一切なさらず、だからか、あれほどの著作があっても名誉栄典とは縁がなく、しかし社会や政治や文学に関する発言は鋭く的を射ていた。まるでアームチェア・ディテクター、「隅の老人」のようだった。「無人島に一冊持っていく本は鷗外訳の『即興詩人』」といってみたり、「もう少し生かしておきたかったのは大杉栄と織田信長と樋口一葉」「日本の三大美人は川上貞奴と皇太子妃になる前の正田美智子さんと若き日の轟《とどろき》夕起子」なんて三題噺がお好きだった。

お土産にしたスイカを奥様が切ってくださったとき、そのときだけ一瞬、煙草を手放した風太郎さんがスイカにむしゃぶりつきながら、

「塩、ここにある」

といわれたのが、なんかとてもやさしくしみた。

こうして、初めてあがったお宅にわたしたち三人は四時間半もいたのである。

「えー、そろそろ」というと、風太郎先生は、「まあもう少し」とまた一本、タバコに火をつけた。「いや、そろそろ」「待ちなさい。隣の部屋に漱石から鷗外に送った手紙があるから、それを見せる」。その貴重な手紙は額装して和室の欄間に掲げてあったが、かなり黄変していた。

「ぼくの煙草の煙だけでもすごい量だ」

そういってふっふと笑った。もう、こう書いているだけでなつかしくて涙が出る。帰りに奥様が駅まで車で送ってくださったこと、玄関口で見送る風太郎先生、新宿で昂奮さめやらず、ビアホールで三人、「風太郎さんはスゴイ」「風太郎大人《たいじん》はイイヒトだ」と気焔を上げたこと。すべて昨日のことのように思い出す。

かしこまらせない、何か気持ちのよい人格の力がそこにあった。

「酒や煙草をやめてまで長生きしようとは思わないから。七十すぎまで生きれば立派なもんじゃないか」

父も同じことを言った。それは戦争の酸鼻をこの目で見、多くの友を失って、確立した死生観がいわしめる言葉ではなかったかと思う。ことさら延命を願わず、先生は二〇〇一年七月二十八日、奇しくも敬愛する江戸川乱歩と同じ日に、風のように逝かれた。

『彷書月刊』のあの頃　——田村治芳ほか

最初に、自称「古本若手三バカ大将」ことナナイロさん、石神井《しゃくじい》さん、月の輪さんに会ったのがいつか思い出せない。店名で呼んだり、名前で呼んだり、ナナちゃん、ウッちゃん、ツキちゃんなどと呼んだ。あれは、明治・大正の三大美人と言われ、舞踏家になった林きむ子の特集をするというので、わたしが遺族にインタビューに行ったのが最初だったと思う。

きむ子の末娘の林小枝子さんが矢川澄子さんと岩波の編集者時代の友人で、それで矢川さんと親しい『彷書月刊』編集長の「なないろ文庫ふしぎ堂」の田村治芳さんが電話をくれた。わたしはその頃、向丘のお寺の中の借家に住んでいた。

『彷書月刊』の特集「きむ子というひと」は一九九五年の六月号である。なないろさんと吉祥寺の小枝子さんのところに行って、帰りにすごくおいしい中華屋に連れて行ってもらった。

なないろ文庫ふしぎ堂の田村治芳はわたしより三つ上。石神井書林の内堀弘はわたしと同い年、月の輪書林の高橋徹は四つ下。なんだか気が合って、そのうち神保町で週に三回も飲むようになった。たいてい坪内祐三さんもいた。ツボちゃん、とみんなよんでいた。月の輪さんと坪内さんは親友だった。

集まりは、山口昌男先生を囲む「東京外骨語大学」の発展形だったのかもしれない。山口さんに会った時、先生が何か思い出せないと「坪内」と静かにいう。すると坪内さんが答える。まるで山口さんの外付けハードディスクみたい。山口さんは「坪内は俺の杖になれ、俺は坪内の踏み台になる」とかのたまっていた。ただ、この仲間はあまりにホモソーシャル、男同士の友情が篤すぎてわたしは入れなかった。多分、足繁く行くようになったのは、なぜか山口さんが古本屋さんたちを破門して、外骨語大学が一段落した頃だ。

『彷書月刊』の編集室で勉強会をし、宮武外骨とか、谷本富《とめり》とか、なんか不思議なマニアックなテーマの話をしてから飲みに行く。ときには『彷書月刊』創始者の堀切利高さん、明治のスポーツやSFに詳しい横田順彌さん、放送関係の河内紀《かなめ》さんもいらした。

さらに翌年の十一月号で、林きむ子が日向輝武《ひなたてるたけ》との間に産んだ娘さんたちの話も聞いた。それぞれ牧師の夫人、最高裁判事の夫人、舞踏家などになった個性的な人々だったが、出来上がった雑誌にあまりに誤植が多いというので、遺族から抗議があったのを覚えている。

ツボちゃんが「森さん、ナナちゃんは企画力はすごいあるけど校正力はない。自分でしっかり見ないとダメだよ」と忠告してくれた。と言われても、わたしも校正力は全くない。

堀切さんは都立高校の理科の先生をしておられ、そのかたわら、荒畑寒村の研究者だった。堀切さんが三人より一世代上の若月さん、東條さんなど古本屋さんの出資を仰いで『彷書月刊』を始めたらしい。わたしが知りあった頃はすでになないろさんが編集人で、自分の店はそっちのけで編集に熱中していたのだが、几帳面で綿密な堀切さんはその出たとこ勝負のアナーキーな編集方法が心配でたまらないらしかった。

そのネットワークには、高村光太郎研究家の北川太一さん、高橋新太郎さん、『初期社会主義研究』の山泉進さん、大和田茂さんなどもおられた。『虚無思想研究』とか『アナキスト』と言ったミニコミが出ていることも知った。『彷書月刊』は後ろの方は半分、古本屋の目録だ。当時の原稿料はぺら（二百字詰）一枚五百円という、「思想の科学」と同じ低廉な原稿料だった。

なんであんなにやみくもに楽しかったのだろう。一九九五年六月号の『彷書月刊』の受贈図書には「谷根千42号」が載っており、特集は石屋さん、谷中の廣群鶴などのことが書いてある号だ。彼らは『谷根千』を目録に載せて売ってくれたりもした。資料に困ると彼らに聞けば、「それいついつの市場に出ていたな」「今千八百円てとこじゃない」とたちどころに三人の答えが一致した。すごい、というとナナイロさんは「商品として知っているんで、中を読んでるわけじゃない」と笑った。

つまり、『谷根千』の十年目に、同じサイズのミニコミ、古本屋の雑誌に出会い、わたしは第三の青春を楽しんでいた。離婚して数年、三人の子供がいたが、中学生の長女がしっかりしていたので、夜、地下鉄で三駅の神保町で遊ぶことができはじめた時代だった。

ある日、わたしがいつものように行きつけの鳥料理屋「八羽《はっぱ》」に行くと、みんなが「どうやって来たの?」とびっくりした。え、地下鉄で、というと、「今日、地下鉄でサリンをまいた奴がいて人がたくさん死んだんだよ」。一日中家で仕事をして、家にテレビもなく、地下鉄でいそいそ来たわたしは全然知らなかった。そういえば地下鉄はガラガラだった。帰りは怖くてタクシーで帰った。だからあれは一九九五年頃だ。

たいていは「八羽」で唐揚げとか、鳥すきとかをつまみにお酒を飲み、ときにカラオケに流れる。内堀さんは全く酒を飲まないのに、カラオケになるとサザンオールスターズの曲を歌ってすばらしく上手だった。ナナちゃんは「白髪三千丈、カラオケ三千曲」とか豪語している割に、結局は「無錫《むしゃく》旅情」を画面に合わせてがなっているのだった。ツボちゃんは歌わずに酔って、その周りで佐渡おけさようのものをゆらゆらと踊っていた。

わたしは自分の子供の時から通った白山南天堂について調べ始め、田村さんはわざわざ大阪から詩人の寺島珠雄さんを呼んで話を聞く会を設けてくれたりした。その関係で、アナキズム関係の人々、古河三樹松さん、望月百合子さん、寺島さん、向井孝さん、水田ふうさん、坂井ていさん、玉川信明さん、真辺致一さんなどとつながりができていき、わたしは名古屋や静岡の大杉栄の追悼会などにも行くようになった。

石神井書林の内堀さんとは同い年なので、「ぶたぶたこぶた、お腹が空いた、ぶー」とか「雨が降ってる日曜日、坊や泥んこなぜなくの、あそこの角で転んだの、どうしてそんなに急いだの」という明星即席ラーメンのCMなどを歌うのが楽しかった。こういうのは、同い年にしか通じない話である。

鎌倉の近代美術館に行ったり、いろんな美術展も一緒に行ったし、芝居も観に行った。中でも中野の光座というところで上杉清文主宰「発見の会」の「明治嵐が丘」を観たのは衝撃だった。幸徳秋水、石川啄木、平出修、管野すがなどが登場するこの芝居の面白さは空前絶後と言ってよい。

田村さんは豪徳寺、内堀さんは石神井、高橋さんは五反田とかなり遠かったので、終電を逃すと、向丘の寺に住んでいたわたしの家に、当時は独身だった田村さんや高橋さんは泊まりに来るようになった。彼らはわたしの子供たちとも仲良くなり、息子二人は高橋さんと内堀さんに日本シリーズに連れて行ってもらったりした。家で夏目漱石をまねて牛鍋会を催したこともあった。この貸家は床の間があったが、掛ける軸がないというと、古本屋だけに、あっという間に二本も軸を持ってきてくれた。ツボちゃんは酔うと、娘のことを「サトちゃんはシブいなあ」と何度もつぶやいていたのも懐かしい。

堀切さんはその頃、『定本伊藤野枝全集』を井手文子さんと学芸書林で編集しておられたが、それは布装、箱入りで高価なので、堀切さんに頼まれて、並装のアンソロジーを編んだ。「野枝のことはまだわかっていないことが多いんです。森さん、いつか野枝の伝記を書きませんか」と堀切さんはしきりとおっしゃっていた。同じ頃、わたしは毎日新聞の書評委員会にいて、二週間に一回、その仲間ともよく飲んでいたし、建築の保存関係の仲間ともよく見学の旅をしていた。よくも体が保ったものだと思う。

ナナイロさんの依頼はいつも唐突で、わたしはカレーを日本で一番最初に食べた山川健次郎のこと、金子文子、いろんなテーマを振られては書いた。この雑誌は岡崎武志さん、そして第一回古本小説大賞をとった石田千さんなどを輩出した。石田さんはまたたく間に芥川賞候補になった。南陀楼綾繁（河上進）さんもこの雑誌に関わったと思う。田村さんや月の輪さんが家庭を持ったことで、毎週三回の神保町飲み会の時代は終わった。

『谷根千』は一九八四年創刊、『彷書月刊』は一九八五年の創刊だった。しかしかたや季刊、かたや月刊なので、二〇〇九年に『谷根千』が終刊した時九十四号、『彷書月刊』は二〇一〇年終刊で、三百号である。わたしたちの終刊の原因は五十代半ばになって山を上り下りする雑誌の配達が厳しくなったこと、消費税と個人情報保護法、そして、仲間の夫たちが亡くなったことが原因であった。『谷根千』をやめるとき、田村さんが「雑誌は終わると研究対象になる」と言ったのが忘れられない。

『彷書月刊』の終刊は、もちろん編集人であった田村さんが癌になって亡くなったことによる。再婚して子供も生まれた田村さんは、最後は白山に住んでいた。生まれてわたしが抱っこした赤ちゃんを、学童保育でうちの娘が担当したという奇遇もあった。わたしはその頃、宮城県丸森で農業をしており、自然農法で育てた野菜を届けにいったりした。

最後に彷書月刊二十五周年をやった時、司会は坪内さんで、ナナイロさんは車椅子で登場した。こんな面白い、いい人を、なんで病気が奪うのか、本当に解せなかった。

そのあと堀切利高さんが亡くなられたのは、大正生まれだから天寿を全うしたともいえるのかもしれない。「社会主義関係の蔵書は大学がほとんど持っていったけど、まだあるから」とお嬢さんに連絡をいただき、お家を訪ねた日は市川の花火の日で、一通り拝見していただく本をダンボールに詰めたあと、缶ビールや焼き鳥を持って、川辺に花火を見に行った。堀切さんが愛した浅草のビヤホールで偲ぶ会が行われた時には、その二次会に内堀さん、高橋さん、山本虎三の孫である山本唯人くんと居酒屋「志婦《しぶ》や」に飲みに行った。

そして今年二〇二〇年一月に坪内祐三さんが突然、亡くなってしまった。去年、二十年ぶりに会って、新宿の文壇バー「風紋」の話など聞いたばかりだった。ツボちゃんなら昼間から飲むかなあ、と根津の蕎麦屋「鷹匠」にしたのだが、昼間からは飲まないとのことだった。店の若旦那の石井さんは読書家で「あ、坪内さんだ」と緊張して、蕎麦を出す手が震えたとのことである。その時のツボちゃんは、やや生気がなく心配だった。「最近は、長谷川（行きつけのバー）が根津に越してきたので、実はよく来てるんだよ。今度森さんもお連れしますよ」という。

この人はこちらが勢いのある時には厳しく、こちらが心弱い時には優しい。ツボちゃんに労《いたわ》られるようになったか。三時間もいたのに、相撲の話ばかりだった。そして「風紋のことならこれ見ればいいよ」と内藤誠監督の『酒中日記』という映画のDVDを置いて帰った。蕎麦屋の石井さんも見たいというので、「鷹匠」で日を改めて、湯島の「シンスケ」の矢部さんらとみんなで見たが、さっぱりわからなかった。

わたしは畑を始めて、目の病気をして、書評の仕事はできなくなり、出版界の人と飲むこともなくなった。根津や谷中、本郷で地域の仲間とつきあうほうが気持ちが楽だった。

あのころのいろんな風景を思い出す。ツボちゃんが新宿で注文してどんと置いた焼酎の一升瓶。わたしの誕生日にあまりにボロな靴を履いているというので、ツボちゃんと月の輪さんが阿佐ヶ谷の商店街で靴を買ってくれたこと。ダンサーでもある古本屋、興居島屋《ごごしまや》の素敵な夫妻と飲んだ日。あごひげをなで、ちょっとどもりながら炭火焼肉を食べていたナナイロさん、初期社会主義の話をしながら、浅草の神谷バーで電気ブランをうまそうに舐めた堀切さん。マントを羽織り大正のアナキスト詩人みたいに見えた長髪の内堀さん。

この前、久しぶりに内堀さんが本郷まで来てくれたけど、彼もすっかり短髪にして、カーディガンか何か羽織って、古本屋の主人、という感じであった。あれから二十五年経つ。あの時代はやっぱり、四十代になりかけたわたしにとって、遅すぎる青春の狂騒だったのだ。

すゞやかな文人——高田宏

高田宏さんにお目にかかったのは毎日新聞の書評委員会であった。

小柄だが眼鏡の奥の目がやさしく、「うん」と強くうなずいて始まる話はとても面白かった。PR誌の金字塔とされる『エナジー』編集者として活躍され、満を持して書かれた最初の本、『言葉の海へ』は大佛次郎賞を受けている。これは根岸にいた大槻文彦の伝記だから、地域雑誌『谷中・根津・千駄木』を編集していたわたしには地域の本であって、最初から話が弾んだ。高田さんは編集者として、伝記作家として、ナチュラリストとしてもわたしにとって大先輩だった。

「京都大学で高橋和巳とはよく飲んだ。高橋が賀茂川に眼鏡を落として二人で川にはいって探したこともあるよ」「光文社の『少女』という雑誌をやってたころ、グラビア取材で鰐淵晴子を膝に乗せたことがある。ははは、かわいい少女バイオリニストだったころだ」

どんな酒席でも高田さんのそばにいれば楽しく、安心していられた。この数年は小諸・

藤村文学賞の選考委員会で毎年一度お目にかかるだけになってしまった。「森さんも五十過ぎたら仕事を減らさないと。同じスピードで飛ばしていたら体こわすよ」と心配してくださった。その高田さんは選考委員会でも細くなった体でビールを飲み、時に座を外して煙草を吹かしていた。

東日本大震災に心を痛め、「僕は伊勢湾台風（一九五九年）の取材をしたからなあ。人体が腐ってゆくものすごい臭いで、あれは筆では伝わらない。その遺体から指輪や入れ歯まで外す奴がいるんだ。人間は怖いものだ」とおっしゃった。

『言葉の海へ』『木に会う』『猪谷六合雄《いがやくにお》』『ほどよい距離の別天地』などが好きだが、『雪日本 心日本』をぜひ読んでください、と渡された。山川登美子が心ならずも結婚した夫を愛していたこと、斎藤茂吉のすごさなど、教えられることが多かった。

今年の夏、京都の吉田山のてっぺんにいるとき、高田さんから携帯に電話がかかってきた。「吉田山かあ、懐かしいな。昔歩き回ったところですよ」という声が残っている。すゞやかな文人が、また一人旅立った。

倉本四郎の庭

わたしが倉本四郎にあったのはおそらく一九九七年頃のことと思う。共同通信の松本正さんの紹介だった。それまでも図書館などで倉本四郎『フローラの肖像』などといった本を見かけたが、著者の名前もかっこよすぎるし、しゃれた書名で、子供のオムツを洗っていたわたしには高踏的に過ぎた。

その頃、倉本は『週刊ポスト』に二十年間、毎週十枚の長い書評を書いていたのだが、わたしがサラリーマンが読者の週刊誌を読むわけもなかった。

その贅沢な仕事が終わり、共同通信で書評を始めた倉本と、毎日、読売、朝日の書評委員を終えてたまに共同通信で書評を書くようになったわたしを、書評担当の松本さんが会わせてくれたのだと思う。

現れた人物は、年齢よりずっと若く見え、立ち姿がシャキッとして色気が漂い、期待通りかっこよかったのであるが、一方暖かい土臭さも感じさせる人物であった。自分を隠したり、演出することもなかった。初めてなのに、酔いの勢いで別れ際にハグした記憶があるから、十分お互いをさらけだしたのだろう。

それから倉本はわたしをファーストネームで呼び捨てにする父以外の唯一の人物となった。それが嫌でなく、むしろ嬉しかった。会うのはたいてい新宿で、一度は倉本が行きつけの横浜の中華街で、今も記憶に残るすばらしい中華料理をいただいた。その帰り、バーでふざけて、わたしの頭をポンポンと叩いたのも懐かしい。結局、わたしは終電をのがして横浜からタクシーで帰り、財布にあったギリギリ一万三千円を払ったのを覚えてる。

倉本四郎は好き嫌いの激しい人だった。

書評を見ても一定の好みが感じられる。いわゆるベストセラーはとりあげない。世の中から外れたところでコツコツと自分の仕事を積み上げている、つまり職人が好きらしい。列外の人を好み、一風変わった本が好きだった。

日本の書評は短すぎる。著者が長い時間をかけて取り組んだ本を八百字で裁断するのは失礼だ、といつも思う。それしかないなら、的確に要約する。一番いいところを引用する。出来るだけ本を歪めずに紹介する。そう思って自分もやってきた。褒めても誉め殺しのような嫌な書評もあれば、多少けなしてあってもかえって本が読みたくなるような書評もある。しかも、この国で、本はあたかも生鮮食料品のごとく市場からなくなるから、書評はできるだけ早く出なければ意味がない。倉本はそれを見事に二十年続けてきた。

しかし与えられた場は贅沢だった。第一に一冊につき十枚という、破格の長さをもっていた。しかも倉本は時には著者や関係者に会って話を聞いている。そういう時間と費用が当時は小学館の『週刊ポスト』から捻出されたのである。網野善彦、別役実、服部幸雄（江戸文化研究家）、川端道喜（京都の老舗菓子屋の主人）、広松伝《ひろまつつたえ》（柳川の掘割の再生で有名）……今はこの世におられない人々の声がこだまする。

わたしは倉本のバックグラウンドを知らない。たぶん熊本の天草で育った。

「子供の頃、よく近所のばあちゃんが、昔話をしてくれた。子供を集めて話をする前に、良いか、見ておけと言って、着物の裾をはだけて見せた。奥に黒々としたものが見えた」と聞いたことがある。そんなエロスの哄笑の中で育ってきたのである。

彼の自宅は葉山にあって、海からは遠いが広い庭があり、そこで北川健次、河野万里子、渡邉裕之たちと飲んで踊って騒ぐのは至福の時間であった。

「まゆみは相当疲れておるな」と倉本さんは言って、わたしの肩を手かざしで温めた。横縞のTシャツを着た彼は船乗りのように見えた。

その健康法にもくわしい倉本が癌になった時、みんなうろたえた。入院した病院がうちの近所なので、退屈とタバコをすいたさに、倉本は病院を抜け出して、うちまで散歩に来た。そのうちおいしいものは喉を通らなくなり、やがてむせて咳をするようになった。周りがどう祈っても何をしても、病巣は食い止められなかった。二〇〇三年八月二十三日死去、五十九歳だった。

通夜に行った。泣くなよ、と写真のシローさんがいっていた。わたしはまた北川、河野、渡邉らとたわいない話をかわし、笑った。行くたびにご馳走を作ってくれた夫人が、これからも来てくださいね、と蚊の鳴くような声でいい、わたしたちは夜中にまたごそごそと横須賀線に乗って帰ってきた。

きっとですよ――大村彦次郎

大村彦次郎さんと最初にお会いしたのがいつだったかわからない。雑誌『東京人』の座談会か何かかもしれない。血色が良くて、明るい感じで、ざっくばらんで、紳士だった。浅草あたりのお育ちと聞き、なんとなく「下町で飲みたいですね」ということになった。それで行った浅草の飲み屋の名前を今なかなか思い出せない。今はなき「松風」だったか。「赤垣」だったか。おうちは赤羽橋だったのに、なぜか下町で飲むのがお好きだった。わたしたちは敬愛をこめて「彦さま」と呼んでいた。

新宿のアコーディオン弾きのマレンコフの話をしたら、銀座でもアコーディオン弾きが回ってくるところがありますよ、というので、銀座のバーに行った。そこは、池波正太郎さんが良く通ったという店だった。ママはステキな人で、「先生を本当に尊敬しておられたんですね」というとふと涙ぐまれた。あとで、店を出てから、大村さんが「森さん、ああいう言い方はいいねえ」とニコニコされた。

一度、東京新聞でトークショーをするときに「どなたとなさりたいですか」と聞かれたので、「大村彦次郎さん」と答えた。胸を借りられる人だ。そして、打ち合わせと称して、また浅草の飲み屋でアワビの柔らか煮をいただいた。あの絶品のおいしさは心に残る。北千住の「大はし」でホッピーを飲んだこともあるし、上野で鰻をご馳走になったこともあった。いつも「彦さま」は血色が良く、ご機嫌が良かった。

大村さんは何も過去のことをおっしゃらないので、わたしはうかつにも大村さんが早稲田の政経の大先輩であることも、その後、学士入学で文学部に入り直し、大谷崎の弟、谷崎精二の斡旋で講談社に入り、野坂昭如、井上ひさし、村上龍に村上春樹までデビューさせた敏腕編集者とも知らなかった。

何しろ取締役や文芸局長まで務められた方なのである。知り合ってから、本をいただくようになったが、『文壇栄華物語』も『文壇挽歌物語』も『文士の生きかた』も文体がすばらしかった。わかりやすく、明晰で、しかも色っぽい文章というのがあるのだな、と感じた。

わたしも本をお送りすると必ず、ハガキにしても、一言ドキンとするような本質を突いた感想が書かれていた。「彦さま」が茅場町生まれで、日本橋で育ったことを初めて知った。「今年は田辺聖子さんが文化勲章を取りますよ」と予言されたら、その通りになったことがあった。もっともっと文壇バーのことなど聞いておけばよかったと思う。「また下町で飲みましょう。きっとですよ」というハガキをいただいて、ずっと気になっているうちに訃報に接した。(二〇一九年八月三十日逝去)

信濃追分を愛した人——近藤富枝

近藤富枝は母の七つ違いの姉である。大正十一年、震災の前年に生まれた。

この家は水島といって、江戸の最初から日本橋本石町で増見屋という屋号で錦ものを商っていた。鴻池と取引があり、たいそう栄えたようだが、本家の息子は学者となり（化学者・水島三一郎氏）、次男の弁次郎は日本橋矢ノ蔵町で尺八やお琴の袋を商って成功した。弁次郎の孫が伯母である。伯母は日本橋の町っ子であることを誇りにしていたし、その感性が一生濃かった。

「偉い人のお髭の塵を払う暇があったら」と伯母はよく言った。「昼寝でもしている方がマシ」とかあとはいろいろつくのだが、山手の官員風の立場主義やごますりはできなくて、いつも物言いがまっすぐで、裏がなかった。

花街や芸者が大好きで「人生は遊ぶためにある」と思い込んでいた。

生家は、昭和の大恐慌に耐えられず、父親が道楽をしたこともあって一家離散し、わたしの母は浅草の歯科医にもらわれて自分も歯医者になった。伯母と母は成長してのち、姉妹の名乗りを上げた。だから一緒に育ったわけではなく、わたしも普通の伯母という感じでもなかったのだが、知り合ってからは「まゆちゃんは私に似ている」と、とてもかわいがってくれた。

東京女子大を出て、戦時中文部省で教科書を作ったり、NHKでアナウンサーをした伯母は多分優秀であったと思うが、文学熱や芝居熱の方が強かった。が、計画的でも執着心が強いわけでもない伯母は、元軍人と結婚してキャリアを捨て、文学への想いを秘めながら夫の転勤についていった。四十代の最後になり、週刊朝日の「私の八月十五日」のエッセイ募集で大賞を取り、女性雑誌のライターを始める。

それから『永井荷風文がたみ』を皮切りに、『本郷菊富士ホテル』『田端文士村』『馬込文学地図』と大正の文壇史三部作を書いて世に認められた。

この三冊は中公文庫で何十年も品切れになっていないので、ロングセラーであり、名著と言っていいだろう。菊富士は親戚の経営していた高級下宿で、竹久夢二や大杉栄と伊藤野枝や宮本百合子や坂口安吾がいた。田端は両親が離婚した後、小学生から伯母が祖父母に育てられた土地である。書く必然性が見てとれる。「馬込はなんで書いたの?」と聞くと、「だって本郷や田端にいた宇野千代や尾崎士郎や萩原朔太郎やみんなあそこに引っ越したんだもの」と言っていた。そのように自分に関わりのある土地の文学者の群像を書くところは、わたしにも引き継がれている。

伯母が本を書き出した頃は、いとこたちも大きくなり、伯父は陸軍士官学校を出て、防衛庁に勤める軍史家であったが、「うちの夫は、父はどこで戦死したんでしょうか」というような問い合わせに答える大事な仕事をしていた。無類のリベラリストであり、温厚な人柄で、自分の仕事をはじめた伯母を応援した。

小学校の時に伯母の上福岡の家に泊めてもらい、いとこたちと長瀞で泳いだこと、中学校の時に鎌倉に連れて行ってもらい、おいしい天ぷらを食べた店に夢二の作品があったこと、就職先の決まらないわたしに女性雑誌の編集者を紹介してくれたこと、結婚したわたしの窮乏を見かねて資料助手のアルバイトをさせてくれ、厳しく叱られたこと、赤貧の中で子供を産むべきか相談して「女性史をするんなら子どもを産んで育てなくちゃダメよ」と励ましてくれたこと、いろいろ思い出す。

伯母はハクビ京都きもの学院の学監を務め、経済的にも安定したためか、信濃追分に東京女子大の持つ土地が譲られると聞いて申し込んだ。

「だって立原道造がいたところなのよ」。立原道造が美男子で、建築家として才能があり、若くして純粋なままに亡くなったこと、すべて伯母好みである。「あんな風に汚れないうちに死ねたらよかったのに」と伯母は言った。立原も日本橋の商家の生まれであり、昭和八年の追分の旅館、油屋の火事ですんでのところで焼け死にそうになり、その後、結核が悪くなったと聞いている。伯母の別荘を訪ねると、伯母は庭中に立原の好きなユウスゲを生やかして嬉しそうにしていた。「生やかして」などというのは下町風だけど。

女性では軽井沢で芥川龍之介の思慕の人となった片山廣子や、竹久夢二の若い恋人の笠井彦乃などが好きだった。いずれも美人だが凛とした人である。

もう一人、男では治安維持法に反対して殺された代議士にして性科学者、山本宣治が好きだった。「あんな優しくていい男はいない」というのだ。伯母はいわゆる男性的な武張った男より、下町の色白できれいな男が好きらしい。

「私にはもう書く時間がないからあんた、書いてよ」と言われ、ようやく『暗い時代の人々』に山本宣治で一章を立てることができた。この中には竹久夢二も山川菊栄も西村伊作も、伯母に「いいわよ〜」と言われた人物を描いたので、伯母への鎮魂歌だと思っている。楽しく遊び暮らすことが理想な伯母には、そういうことができなくなる戦争などというものが一番嫌なのだった。

軽井沢は財界や政治家の別荘が多い。下町の庶民であった近藤富枝は権力者が住まない、文学の匂いのする信濃追分を愛し、毎年一夏をここで過ごし、千メートル道路を散歩したり、古本屋さんを覗いたりして楽しんだ。「まゆちゃん、うちに泊まりにおいでよ」と言われながら、一回切りでその後チャンスはなかったが、私はいまでは夏になると、追分の旅館を改修した「信濃追分文化磁場 油や」さんに泊めてもらい、信濃追分を楽しむことが増えた。

花のような人——木村由花

もしかしたらお仕事をご一緒できないでしょうか、という丁寧なお手紙をいただいたのは一九九三年ころだったと思います。わたしは三十代の末で、地域雑誌『谷中・根津・千駄木』の編集をしていました。晶文社から『小さな雑誌で町づくり』を出し、講談社から『抱きしめる、東京』を出したばかりでした。今でも覚えている、飯田橋の「ラ・ミル」というおしゃれな喫茶店にお名前通り、花のような若い人が現れました。声がまたすずやかでした。

そして由花さんに新潮社で『明治東京畸人傳』（一九九六年）と『鷗外の坂』（一九九七年）を作ってもらいました。新潮社装丁室が由花さんのイメージで装丁したことがわかり、微笑まれます。その頃はまだ本が売れ、毎週のように「また重版です」と弾んだ声で電話がかかってきました。『鷗外の坂』で初めての賞も頂き、由花さんがお祝いにワインを送ってくれたのも覚えています。

その後、女性編集者たちの気楽な飲み会にもさそってくれ、子どもを抱えて外食どころでなかったわたしには、おかげで年に数回、東京中のおいしいものを食べ歩き、とても息抜きになりました。ソウルや大阪、京都も一緒に旅をしました。由花さんが『旅』、つづいて『yom yom』の編集長になり、担当を外れたのはさびしかったけれど、二つとも由花さんにピッタリの仕事と思いました。

「雑誌から単行本に異動になったのでまた一緒に本を作りませんか」と会ったのが三年近く前、それが『波』での連載『子規の音』です。そのときご病気された話も聞きましたが、元気そうでした。わたしはさっそく書く場を準備してくださったことに感謝し、迂闊にも完治されたものと思い込みました。

二〇一四年七月にはかつて『鷗外の坂』で訪ねた内子にも来てくださったし、十一月初旬には宇治での『「青鞜」の冒険』への紫式部文学賞の授賞式にも駆けつけてくれました。そのときシャネルの基礎化粧品をお祝いにいただいたのですが、あの几帳面な字で丁寧に使い方が書いてありました。化粧はしないわたしが「もう年だから顔色をちょっと良くしたい」といったので、あれこれ選んでくださったのだと思います。この化粧の手順を書いたカードは今も鏡の前に貼ってます。

十一月には正岡子規の明治二十六年の東北大旅行のあとを訪ねて、由花さんの運転で仙台から雨の最上川沿いを走ったのです。今思えばなんと無謀なことをとも思うし、彼女は最後まで仕事を全うしたんだとも思います。角館駅で写真に写っている由花さんはあいかわらずすずしげに笑っています。

よく食べ、よく飲み、よく話し、決して人を傷つけず、オートバイや船の免許も取り、人生を一番謳歌していた由花さん、世界中に一緒に行きたかったし、もっと本も作りたかった。内子に行った時、足の悪いわたしの妹のためにどこからか自転車を調達してきて、坂道を押してくれた由花さん、そのことだけ思い出しても涙が出る。

でもそのきれいな声や笑い方やしぐさは、まだ耳に目に残っている。ほんとうにありがとう。そしてわたしが出会った女性の中でもっともモテたことも確かです。男のひとにも女のひとにも。その寛容とさわやかさゆえに。

Ⅳ　出会うことの幸福

上を向いて歩こう――永六輔

『谷根千』を始めたころ、浅草のお寺がご実家の永六輔さんには、いつかご挨拶したいと思っていた。尺貫法復活とか、木造建築応援とか、社会的な発言にも親近感を感じていた。先に、お父様の永忠順最尊寺住職には一九八〇年代にテレビの取材でお目にかかった。ほっそりした物静かで優しい方だった。

その後、一九九〇年代だったか、ラジオ番組で、わたしが根津あたりの町を歩きながら実況中継をし、スタジオの永さんと語り合うという企画があった。その朝、ディレクターから電話があって、「昨日、永さん、地方に行って若者と話しすぎ飲みすぎで、声が潰れてしまったらしいです。森さん、できるだけ喋ってカバーしてもらえませんか」とのことだった。わたしは、下町同士、がってんだ、という感じでよく喋ったと思う。永さんも「今、根津の路地裏園芸を見て森さんが、御丹精ですね、といったでしょ。懐かしいね。これって昔の東京の言葉なんですよ」などと応じてくださった。しかし、後で、『谷根千』読者から「ラジオを聞きましたが、大先輩を差し置いて、自分ばかり喋ってはいけません」というオソロシイ反響があった。

その後、浅草の最尊寺で、永さんの話を聞く会があって、聞きに行ったこともある。その時は体調がお悪い時期だったのか、永さんらしいマシンガントークは聞けなかった。

その次は、上野の奏楽堂で「岡本文弥没後十五年祭」が行われた時のことだった。わたしは一時間近く、話をすることになっていた。自分たちも保存に関わり、残してから重要文化財になった明治二十三年築の奏楽堂、その舞台の上から話すことはわたしには光栄この上なかったが、いざ使ってみると、なかなか使いにくい。例えば新しいホールでは電動ですっと開く緞帳も、奏楽堂では、人力巻き上げ式でずいぶん時間がかかるのである。

舞台に上がると、目の前の三列目にものすごいオーラの人がいた。その人は瞬きもしないで一時間じっとわたしを見つめているのだ。あ、永六輔さんだ。

降段したら御挨拶だけでもしなくてはと思ったら、向こうからスッと近づいて来られ「よかったら晩飯でもいかがですか」ということになり、朴慶南《パク・キョンナム》さん、清水ますみさんとあれよあれよという間に、根津のわたしの知らないお店にタクシーで連れ去られていた。

「いやあ、今日は実に良かった。いいお話でした。だから一献差し上げたいと思ってね」と野菜のおひたしや豆腐など、体に良さそうなつまみでお酒を飲み交わした。

「あの、岡本文弥さんが、『戦争はいけません。散らかしますから』という名言を広めたのは永さんだと……」とわたしが言うと永さんは愉快そうに笑った。「ですが文弥さんは、あれはちょっと違う。戦争になると汲み取りが来てくれない、廃品回収もない、もう便所が汚くて入る気にもなれない、ということを言ったと」などと生意気を言ってしまった。「ああ、そうかもしれませんね。でも僕は、本当に文弥さんが好きで尊敬しているんです」と大きな目がぎろぎろと動いた。

永さんの『無名人名語録』を雑誌『面白半分』で楽しみに読んできたが、きっと市井の庶民の何気ないつぶやきが、永さんの手にかかるとこんな風にエッジのきいた名言になってしまうのだろうな、と思った。

帰りがけ、さっと帳場に立たれた永さんに「ご馳走になっていいのでしょうか」と小声で聞くと、「いいんですよ。今、あの曲が売れてますから」とさらっとおっしゃった。あれは、二〇一一年の東日本大震災の後、巷《ちまた》には坂本九の「上を向いて歩こう」がよく流れていた時のことだ。永さんと会ったのはそれが最初で、最後だった。

活字遊びと恋の転々——岡本文弥

岡本文弥師匠（本名・井上猛一）が数えの百二歳で亡くなったのはもうずいぶん前になるが、わたしには折り折り心に浮かぶなつかしい人である。文弥さんは百歳にして現役の新内語りであるだけではなく、現役の編集者であった。

すでに明治三十年代に小学校で回覧雑誌をつくったときからその編集者生活がはじまる。「子供時分から原稿用紙への憧れはありました」と笑った文弥さん。「枠のついた紙に一字だけ横にして書いて出したりするのは、当時の新聞や雑誌の活字の真似ですね」。

『秀才文壇』『文章世界』などの投稿少年から、母から受けつぐ新内稽古のかたわら、大正五年頃『婦人雑誌』『秀才文壇』『おとぎの世界』の編集者をつとめた。昼は編集、夜は三味線をかかえて花柳界に流しに出た。

昭和十三年に正岡容《いるる》や山本安英らと編集した『芸人アパート』の実物は、文弥さんから見せてもらった。一人一人が部屋（頁）を持ち、管理人（編集者）が藤根道雄という面白い趣旨の雑誌だったが、一年十二冊で終わった。

ところが今回、『月刊・をかもと』（大正十四年）という初見の雑誌が出てきた。最愛の妻、児童文学者の小森多慶子を結核で失い、結核患者の心からの友となる雑誌『大自然』と『日本音楽』を準備したが、芸人生活の方が忙しくなり、二つの企画を捨て、より自分の生活に近い『月刊・をかもと』を創刊したものらしい。

内容は、本棚の前で本を読む文弥師、考証「鯉昇の思ひ出——先代岡本宮染のこと」、芸評、コラム、公演案内などで、岡本派の同人誌といえる。また、「私も　きょねん血をはきました、しかしいまではごらんのとほり　げんきに　はたらいてをります、おほきなこゑで三だんもたてつゞけにかたつてもへいきです」と肺病の薬チフアーゼの取次もする。

亡き妻を偲ぶ
亡き妻の墓の辺に咲くむらさきの桔梗の花とわれはならまし

と掲げたかと思うと、新しい恋も始っていたらしく、

犀川の流れの音をいいと言ふ可愛いひとの赤い唇

の歌もある。これは金沢西の廓の芸妓飛行機のこと。なんともイイカゲンで楽しい。新内の革命児、三十歳の自由人文弥の真骨頂である。発行は本郷湯島天神町二の十三。いつまで続いたのかしら。

もう一つ、『稽古所』（昭和二年）の創刊号も見つかった。「芸人ばかりの手で雑誌を出して見やうでは御座らぬか」（発刊の辞）。表紙は三味線のばち。踊り、常磐津、清元、新内の面々の顔写真のほか、町田嘉章、山崎青雨ら研究家の文章がならぶ。

「雑誌『歌舞音曲』のこと」は、明治四十年四月から四十二年三月まで半井桃水が主筆をつとめた邦楽雑誌の思い出を綴ったもの。「桃水さんは決して人の陰口を言はれず、又自己の吹聴もせぬ人でした」とある。樋口一葉の思慕した人の人となりが偲ばれる。

『稽古所』は神田多町二丁目四番地、川津書店が発行所。このころ、ここの女主人川津タカと文弥さんはいい仲だったはずで、創刊号をめくっていると、文弥さんの住所と恋の転々、活字遊びの楽しさがつたわってくる。

吉原に愛された人 ——吉村平吉

『谷根千』をはじめて何年かののち、千駄木の事務所に「ちょっとお目にかかってご相談したいことがありまして」という落ち着いた声の電話がかかってきた。近くの団子坂の喫茶「珈琲館」で朝、会った。小柄で色白で清潔な感じのメガネの紳士がチェックの背広を着て座っていた。「吉村平吉と申します。日本雑学大賞の事務局をしていますが、今年はぜひ、森さんにもらっていただけませんか」というのである。「ただ、民間の有志で出しておりますので、賞金は五万円。おいしいウイスキーを一本差し上げます」とニコニコしておられる。

わたしもまだ、メディアにも通じないころだし、何が何だかわからないけど、貰えるものはいただこう、とありがたく思って、当日、会場に行った。その時は美容院に行くお金もなくて髪の毛は長く、母の手作りのスーツを着て、霞が関の東海倶楽部が会場だったと思う。これは「雑学倶楽部」という団体が出している賞で、一九七九年に始まり、わたしがいただいたのは一九八九年で、『谷根千』をはじめて五年目ということになる。

そして会場には第一回の受賞者、広岡敬一さんもいらしたが、この方はトルコ風呂の研究家だという。他にも赤線やブルーフィルム、性神、阿部定、賭博、ルンペンなどの研究家が会員にいる。なんだか濃ゆい人々のあつまりという感じで、ぽっと出のわたしはどぎまぎした。

「吉村平吉さんてかたは大学の教授ですか?」と聞くと、え、知らないの、という感じで、「あの人は伝説のポン引きですよ。吉原千人斬りで有名な。野坂昭如さんの『エロ事師』のモデルで、「苦界から区会へ」をキャッチフレーズに台東区議選に出た時には野坂や黒田征太郎、田中小実昌、殿山泰司などが応援しましたよね」と聞いて、びっくり。それから『吉原酔狂ぐらし』なども読み、だんだんわかってきた。

吉村平吉さんは昭和三十三年施行の売春防止法で捕まって前橋監獄に入れられた第一号だったらしい。前橋監獄といえば金子文子や秩父事件で捕まった人たちなども入れられた反体制の名門だ。

のちに、台東区と荒川区の稲門会で、早慶レガッタを隅田川に観に行く時に日暮里の佃煮中野屋のおじさんに誘ってもらった。あの時はたぶん慶應が勝ったと思うが、そこに来ている人は下町の気のおけない、気持ちのいい人ばかりだった。稲門会なら文京より荒川や台東の方が気が合うかも、と思った。ご主人が早稲田を出た中江という馬肉屋で打ち上げしたのだが、やはり、誰もがついこないだ亡くなった「ヘイさん」を知っていて、「この店もヘイさん、好きだったんだよなあ」と献杯した。吉村平吉、本当に浅草に愛された人だったのだ。

自主独立農民 佐藤忠吉

二十代の終わりから、人のまるごとの人生を聞いて次の世代に伝えるのが仕事になった。最初は東京の職人や商家の話を聞いていたが、五十近くなって農業に興味をもちだした。自分の食べるものくらい自分でつくりたい。東京に大地震が来たら、そこで家族や仕事仲間を支えたい。

島根のほっそりした首の長いその人は、最初に会ったとき、『百姓』と書いた名刺を差し出した。机の上には渡辺京二『逝きし世の面影』が広げてあった。日本で初めてパスチャライズ牛乳をつくった佐藤忠吉、島根県で木次《きすき》牛乳を立ち上げた人だ。

わたしも木次の牛乳が飲めるでしょうか？　と聞くと、「東京の人間が木次の牛乳を飲む必要はありまっせん。関東で正直な乳業会社を自分で見つけなさい」とばっさり。遠くのものを食べると、それだけガソリンなどが必要で、環境に負荷がかかる。栄養も落ちる。これをフードマイルということも教わった。

「土はそれぞれの土。それで水が流れ、米ができ、野菜ができ、牛や豚が育つ。だから土地の料理には土地の酒が合うに決まっている」。日本中のおいしい酒を東京で飲んでいたわたしは、考えを変えなくてはならなかった。

牧場へ連れて行ってもらった。ここにいるのはみんな牝《メス》ですか？ 佐藤さんは「なんで牡《オス》の牛が乳を出しますかな」とあきれた。「牡が生まれたら業者に売りますよ。うちでは初乳を飲ませてけっこう長く母乳もやりますが。あのね、森さん。ここにいるのはみんな子どもを産んだ牛です。子どもを産まないのにお乳が出るわけがないでしょ」。そりゃそうだ。人間は牛の赤ちゃんが飲むべき乳を奪って飲んでいるのであった。だから木次乳業の配送車には、「赤ちゃんは母乳で育てましょう」と大書されている。

佐藤翁は、一九一九（大正八）年に出雲の木次の篤農家で生まれた。八岐大蛇《やまたのおろち》の神話の残る古い土地である。「百姓は頭がよくなきゃいけん。気象天文を知り、人に先駆けて売れるものを作り、蚕や炭焼きの技術に通じ、相場の知識もあり、小作の人にも気を使わんとならん」。ところがいまや生産物は農協の全量引き取り、機械も農薬も肥料も農協から買い、農協に貯蓄する。「百姓が頭を使わなくなって、補助金漬けで、農業はだめになった」。

佐藤さんは牛乳のあと、葡萄園をつくり、ワイン工場をつくり、豆腐屋、パン屋、カフェを誘致し、茅葺き瓦葺き二棟の宿泊施設、畑がつながりあった室山《むろやま》農園をつくり、そこでロバを飼った。「『四季耕作図』という美しい絵にほれましてな。農民はなんでも自給自足できなきゃ都市の奴隷になるしかない」。

遊びの自給も自分でと考え、馬を飼ってみたが送電機の下で暴れて忠吉さんが落馬し、それでこんどは電磁波の問題に目覚めたという。それ以前、一九六〇年代から盟友の大坂貞利さんと農薬の害を訴え、有機農業を研究してきた。

わが師ともいうべき人を「忠ちゃん」とよんでいる。戦争にとられ、中国戦線を足掛け五年さまよった。「今の二十五歳はまったく子どもだが、その歳くらいの士官が中隊長で三百名くらいを率いる。その隊長の識見、人格で部下の運命が決まりますな」。中国語ができる立派な隊長のおかげで、忠吉さんは捕虜になって歯を治してもらい、無事日本に帰ってきた。

「戦地にいる間、帰ったら何をしようか考えとった。しかしアメーバ赤痢、マラリア、ありとあらゆる病気をして戦後四年は寝とりましたな。いまは腹六分目、ゆっくり噛む菜食中心、でもたまには暴飲暴食もいいもんですよ」と酒をすすめてくれる。「長生きにはメンスのある女性とチュッして唾液をもらうといいんじゃ」なんてけむにまくかと思うと、

「今の日本の繁栄はホルムズ海峡に海賊が出んで石油が安定的にはいり、日本人が団塊の世代程度に勤勉で技術力がある、世界が平和で、アメリカやオーストラリアが肉や小麦粉を輸出してくれるという前提に立っとる。そのひとつでも崩れたら、日本は終わり。やはり自給自足が一番ですな」。

足掛け六年、忠吉さんから聞いた話は二〇〇七年、『自主独立農民という仕事』という本にまとまったが、それから何年たつのだろう、あまりにその予測が的中するので驚いている。ホルムズ海峡は危険だし、アラブも紛争で石油の輸入が危うい。東日本の海辺は津波で町がなくなり、高齢化していた農民が地震と原発で再起しにくくなった。過保護で豊かな核家族で育った若い世代は勤勉でもなく、忍耐力もない。温暖化による気候変動も災害をひきおこす。

3・11以後、佐藤さんから何度か、電話をいただいた。いつでも木次に避難しておいでなさい、そう言ってもらうだけで心が落ち着いた。十一月末には玄米が三十キロ届き、ありがたくそのおいしい米をいただいた。「地方は活性化するより沈静化するべきですな」とおっしゃったとき、わたしはこの人を師と決めた。町づくりより町づくろい、村おこしより村のこし、と地域雑誌と保存運動をしていたわたしの四半世紀と符合した。

日本の経済はすでに右肩上がりは無理である。公共工事にぶら下がった環境破壊の「活性化」はやめてほしい。要らないダム、原発、基地、この三つをこの国からなくしたい。そして小さくても食糧から遊びまで自給できる地域をつくりたい。忠ちゃんはまさに九十二年、そのように生きてきた。わが師と頼む人である。

阪神間のお嬢さま　――脇田晴子

大阪の東洋陶磁美術館に婦女俑《よう》というすばらしい唐代の人形がある。脇田晴子先生はそっくり、ふくよかな気品と魅力を備えていた。わたしが初めてお会いしたのは二〇〇一年、文化庁の文化審議会委員として、それから四年間、毎月、国宝、重文などの指定や選定を共に論議した。おられるだけでパッと花が咲いたよう、ニコニコして、ソプラノのはんなりした京言葉で実に辛辣な批評をおっしゃる。

中世史の泰斗とは聞いたが、わたしは学界での主要論文を知らず、『中世京都と祇園祭』や『能楽のなかの女たち』といった読みやすい本の読者に過ぎない。お会いすると、阪神間のお嬢とはこういうものか、とうなることが多かった。

脇田晴子先生の父上は麻野微笑子《びしょうし》といって河東碧梧桐門下の俳人だった。大地主で、生涯、働いたことはなかったそうである。

戦争が始まると「もう学校に行かんでもよろし。焼ける前に見ておきなはれ」と言って、子供たちを連れて京都や奈良を旅行した。幸いにもこれらの街は焼失を免れた。空襲が始まると、お母さんは疎開する娘のリュックサックに証書や株券など家の財産すべて入れて持たせ、「これでうちの財産はみんなあんたの物やなあ」と笑ったというのである。

戦後、晴子さんは神戸大学に入り、そこから京都大学の大学院で近世史の脇田修さんと結婚し、三人の子供を育てた。「女子大に入れられるところだったのに、京都方面に乗ると痴漢が出るでぇ、と兄が言ってくれて神戸大学に入れたのよ」「京大で博士号をとって、教職に就けるまでは予備校で教えてどうにか暮らしていたの」と先駆者の苦労はあるらしかった。

晴子先生の学問上の業績は、寛容で協力的な夫、脇田修先生の力が大きい、と一般には言われている。その説には晴子先生は口を尖らせて反論する。「そうかしら。夜遅く帰ると男四人で私が帰るの待ってんのよ。誰も料理しようとしない。私がそれからエプロンをかけて作るのよ」。

こういう体験が女性史上の業績につながっているのではないだろうか。

面倒見が良く、学界のものでもないわたしまで、家で手料理をご馳走してくださった。泊めていただいたこともあった。インド南部に同行したのは、先生が彼の地の演劇祭で能を舞われるので「あなた帯しめるの手伝ってくれない」ということだった。行ってみると、その演劇祭は一ヶ月以上も続くのだそうで、毎日毎日、床の上に直に置かれた大きな葉っぱにカレーが盛られ、右手で食べていたそうだ。そんなことも先生はへいちゃらである。

晴子先生や阪大の武田佐知子先生と一緒に、北米四大学で開催された衣服に関する研究会に参加したこともあった。世界中に晴子先生に世話になった学者とファンがいた。晴子先生がいればいつも座はなごやかで華やかだったが、驚いたのはお買い物である。そのきっぷのいい買い方、竹富島では二十万もする反物をポンと買った。「だって私は商業史が専門ですから」とニッコリ。中国の三峡下りでは「そんなに買ってどうやって持って帰るんですか?」と心配すると、「大丈夫、修がやるから」というわけであった。

とにかく話が面白い。「アメリカでコーヒーを頼んで、ブラック・オア・ホワイトと聞かれて、ノー、アイム・イエローと言った人がいるんやて」とか「長崎のカスドスというお菓子を土産に持って帰ったら、ほんまにカスドスなあ、と言われたんよ」といった名調子。だから文化庁の毎月の文化財保存の委員会は、これまた冗談ばっかりおっしゃる河合隼雄長官との名コンビで笑いが絶えなかった。年に一回だけ、方面を決めて視察というのが楽しみだった。最初、真夏だったのでアロハシャツにジーパンでサングラスをかけて出かけたところ、「森先生、ご公務ですよ」と文化庁の方にジロリと睨まれてしまった。

確かに、行く方も迎える方もほとんど男性で、炎天下にダークスーツにネクタイで汗びっしょりで待っている。わたしは思い切り浮いていたわけなのだが、脇田先生は「そんなん気にしないでええのんよ」みたいに笑ってた。小型バスが視察に出発して十分後、脇田先生が「あ、上着ホテルに忘れてしもた」とおっしゃったときにはみんなどっと笑って、「ご公務」の固い雰囲気がほぐれたのを覚えている。車はただちに宿にとって返した。脇田先生なら仕方がない、という雰囲気がみんなの中にあった。

宴席で「うちの母方は菊水の紋で、楠木正成の子孫だそうで」とうっかりいうと、脇田先生「気の毒やけど、それは系図書きの仕事やなあ」。江戸時代に金をもらって立派な先祖をこしらえてくれる人がいたのだそうだ。

拙著『彰義隊遺聞』を差し上げると、「修も面白いというてたわ。ただ、上野戦争はたった半日で終わったと何度も書いてはるけど、あの頃の戦争は関ヶ原でもなんでも、半日やれば大体片がつくもんよ」と言われた時はぎゃふんだった。お付き合いしているうちに、文化功労賞、文化勲章と、先生は偉くなってしまわれた。

本当に多くのことを教わったなあ、楽しかったなあといま、喪失感と感謝が胸を浸す。

河合隼雄長官の冗談

河合隼雄先生が文化庁長官を引き受けられた時、京都にも長官室を作るなら引き受けると言われたという。わたしは八年間、文化庁の文化審議会、文化財分科会の委員を務め、後半四年ほど毎月、長官と一緒に文化財指定や選定、登録の審議をしていた。会長はカンボジアのアンコールワットの発掘で知られる上智大学の石澤良昭先生、網野善彦さんと一緒に各地の民家建築の調査をなさった建築史の西和夫先生、中世史の脇田晴子先生、元文化庁長官の川村恒明先生とわたし、大変に勉強になる会議だった。河合長官も毎月、楽しまれていた。

とにかくダジャレがお好きで、わたしが雑司ヶ谷墓地のアール・デコの墓のすばらしさを、「ああいうものも文化財にすべきではないでしょうか」と言うと、みんなが「史跡だろうか、建造物として捉えられるだろうか」などと議論する。腕組みして目をつぶっていた長官が突然「それは史跡でなく墓石でしょうな」と一言、みんなが爆笑したことがある。

かと思うと、鎌倉の建長寺や円覚寺の建物の軒の木組みが「唐様か、和様か」という様式で議論になって、最近は「鎌倉様式」「禅宗様式」などと言われ出しているともめた時も、激務で居眠りされているかに見えた長官が「そりゃあ、カラオケ様式でしょ」と半畳を入れて雰囲気がほぐれた。

この委員会のご褒美は、年に一度、これから指定する仏像や絵画をひと所に集め、それを間近で見せていただけること。みな大事な文化財に息がかからないようにハンケチなどを口に当て、目前に見る曾我蕭白《しょうはく》などものすごい迫力であった。また大久保利通資料も、暗殺された時に懐に入れていた書状に血糊が付いていたのにも驚いた。そして嵯峨野のお寺で、火事に遭い黒焦げになった仏像と河合長官はずっと対峙しておられた。「人間の苦しみを一身に受け止めたお姿ですね。修復などしないほうがいいかもしれない」とつぶやかれたのが忘れられない。

朝日新聞で対談をした時には「東京に行ったとき、みんなが飲んでいる蕎麦の汁に驚いた。あんな墨汁のようなもん、よう飲めますな」との発言に聴衆はどっと沸いた。東京大学の安田講堂が登録文化財第一号なので、そこでも対談したが「長官、登録物件の数はどこまで増やすおつもりですか?」とわたしが質問したところ、「登録はごまんとあるのがいい。五万件まで頑張りましょう」と言われた。後で「あの回答を引き出してもらって、我々はやりやすくなった」と文化庁の担当官に感謝された。

しかし、河合さんの時代には、文化庁も事件が多かった。例えば、座散乱木《ざざらぎ》古墳に関する捏造疑惑。毎日新聞のスクープで、在野の研究者が後から埋めたものが文化財として指定されたことがわかり、文化庁の威信に傷がついた。また高松塚古墳の内部が湿気や高温のため、大事な国宝の文化財にカビが生えるなどの事件も一般の人々の興味を引いた。周辺を国が史跡公園として整備したため、環境が変わってしまったことにも原因があるとも言われた。これらは河合長官就任以前の話であるが、現長官として、これらを解決し、方針を出し、記者会見でひたすら陳謝もしなければならなかった。

河合長官はそんなストレスもあったのか、体調を崩され、長官をやめられた翌二〇〇七年、七十代で鬼籍に入ってしまわれた。あの目を細めた快活な笑い声、「森さん、ここここ」と隣の席を指差したこと、わが意を得たりとばかりに隣にいるわたしの膝をポンと叩いたことなど、懐かしく思い出す。融通無碍な方であった。

湯島の岩崎邸の和館の修復が終わった頃、香道の会が行われたことがあった。わたしも招いていただき、何一つ当たらず香道には全く才能がないことがわかったが、「森さんたちが頑張ってここの庭を残したんだってね」と声をかけていただいた。岩崎邸では重要文化財の建物の下にゴミ焼却場を作る計画が浮上し、わたしたちはこれに反対した。

文化庁では職員が演奏する音楽会があって、「僕はフルートを吹くから、森さんも歌を歌いませんか」とお誘いいただいたこともある。昔、イタリア歌曲やドイツリートを歌っていたのをどこかで聞かれたのだろうか。恐れ多くてそのままになったが、参加すればよかったと今になって悔やんでいる。

わたしの知ってる矢川澄子さん

矢川澄子さんを紹介してくれたのは『彷書月刊』の田村治芳さんで、彼を通じて明治から大正にかけて、九条武子や柳原白蓮と並び称せられた麗人、林（日向）きむ子の事を調べ、伝記を書かないかという話があった。

林きむ子は、最初富豪で代議士の日向輝武と結婚して六人の子を生し、名流夫人として雑誌のグラビアを飾り、夫が疑獄事件に巻き込まれて病死すると、ほどなく年下の詩人林柳波と再婚し、舞踊の一流を樹てた。この多彩で生命力あふれる女性に魅かれて、仕事をすることにした。

矢川さんはきむ子の六女小枝子さんとは岩波書店につとめていたころからの友人で、小枝子さんのインタビューにも同席して下さった。そのとき初めてお目にかかったが、独特な感じの服を着て、薄いスカーフを巻いて妖精のようだった。声がすきとおったソプラノで、ときどき自分の言葉を確かめるように小さく「うん」とうなづいた。華奢で繊細な矢川さんといると、自分がウドの大木のように粗雑なものに思えた。

「私は今とりかかっている仕事があるから、あなたがやって下されば」といいながら、紹介した立場もあってか、それからも他の娘さんたちの取材にも、はるばる千葉まで同行して下さった。その夏には、わたしが子連れで軽井沢まで出かけたので足をのばし、黒姫の矢川さんの家に一泊させていただいた。

女性一人が文筆のみで、こんなに閑寂な住いを持てることに驚いた。子ども三人にわずらわされながら、都心の借家でかつかつに仕事をしているわたしには、信じられないようなうらやましい暮らし。渡り廊下の左手は書庫のようになっていて、奥のゲストルームに案内され、息子の宙《ひろし》はじめてソファベッドに寝るので興奮していた。

小学校三年の息子と楽しそうに遊んで下さり、それも子どもを扱うようにでなく、対等に話しかけてくれるので、子どももうれしがっていた。帰ってから宙あてに何冊かの絵本が届いた。それから本屋で矢川さん訳の本を見つけると、息子は、「あの矢川さんだよね」と少し自慢そうだった。

いつも、「子供三人もいてまゆみさんは大変ね」といって下さるので、身から出たサビですから、というと、「子どもを持つ女の人がそのくらいの気持でいてくれたら、子どものいないわたしたちもラクなのに」といった。矢川さんが子どもを持てなかったことについて、書かれた文章を読んだときは、つらかった。
とはいえ、須賀敦子さんのように、「本当のこと」をさらけ出す人間を丸ごとポンと受け入れるような感じは矢川さんにはなくて、いや須賀さんだって踏み込ませない、近づきがたい所はあったのだが、矢川さんはもっと「孤塁を守る」という感じだった。須賀さんは関西の商売をやっている家の出身で、矢川さんは山の手の知識人の家に育ったということもあるかもしれない。

それでも吉祥寺からの帰り、若い仲間と住んでおられた天沼の広いアパートに寄ったり、どこかで若い男の人（たぶん、ミュージシャンの知久寿焼《としあき》さん）をよび出してタイ料理を食べたり、話し足りなくて吉祥寺で降りて画家のやっているお店「Kuu Kuu」に行ったり、と矢川さんとのいくつかの思い出は、なにか中央線沿線上にある。

矢川さんはこの汚れた世への絶望と、女性の仕事を公平に評価しない社会に苛立っていたように見える。そのときはわたしはまだ駆け出しで夢中だったし、体力もあったので、何十年とこの世界の波風の中で仕事をしてきた女の人の気持はよくわからなかった。一方、西洋の芸術、宗教、文学などについて話すとき（須賀さんと話してもそうだったが）、その知識の量や言語理解の幅を思うと、自分がしょうもない会社で雑用をしたり、子どものおしめを洗っていた十数年が取り返しがつかないような気がした。

お互いの抱く孤独の質が違い、資質も好みも違ったから、それ以上はいえない。黒姫の冬がすぎて春になったとき、大変なゴミ出しや買物のことを聞くと、一人でそんな山の中にいて大丈夫だろうかと思っても、それ以上はいえなかった。

最後から二度目にお会いしたとき、「これから澁澤（龍彥）のことを本格的に書こうと思うの」とおっしゃったときはさすがに、「もう十分にお書きになったじゃありませんか」といいたくなったけれど、これもいえなかった。人生の初期に一番強烈な男と出会ってしまったのだから、仕方がない。やれやれ、わたしはそんなことがなくてさいわいだった、とホッとする気持ち半分、それほど影響力のある男に出会ってみたかったと思う気持ちが半分だった。

作品そのものよりも、誰かのオクサンであったり、恋人であることの方が重要視され、神話化されていくのは困ったことだ。そして誰かのオクサンであり、恋人であるつながりにおいてのみ、女はそのサークルに存在を許され、その誰かと切れてしまえば、すべてのつながりが断たれ、あとは男たちの互助会のようなものがすべてを回していく。そんなことの被害を十分受けているはずの矢川さんこそ、早くそこから離脱してほしかった。

矢川さんは「澁澤の初期の仕事は私が半分はやったのよ」といったことがある。ルート・ベアラウ『ブレヒト 私の愛人』という本を読んだことがあるが、劇作家ブレヒトも女にはモテた人で、周りに集まった女性たちを協力者にして、あれほどの仕事を残したというのだが、読みながら矢川さんを思い出したのは当然である。澁澤全集が出るときに、わたしは男性たちがあれこれ相談する現場に居合わせたことがあるが、それとは別に会った矢川さんは「私のところには何もいってこない」と寂しそうだった。

最後にお会いしたのは、野溝七生子《なおこ》について少しばかりの文章を書いたとき、野溝氏の姪、星野さんが喜んで下さって、「小川軒」での晩餐にお招き頂いた。分不相応と思ったが、叔母が気に入って通った店です、とおっしゃるので、お受けすることにした。そこに『野溝七生子というひと』を書かれた矢川さんも来て下さった。これは評伝というよりは、生前、野溝氏をなァちゃんと呼んで親しかった矢川さんの交流から、野溝作品を映し出し、それを鏡にまた矢川さん自身を映しているような、不思議な本である。

野溝七生子は『山梔《くちなし》』や『南天屋敷』の作者であって、辻潤の讃仰した女性で、なおかつ森鷗外の研究者だから、私にとっても二重三重に関心があるのだけれど、このとき矢川さんや星野さん、展望社の唐澤さん、研究者で野溝氏の門下に当る岩切さんがいらしたから、野溝さんの晩年、それもまた、女の仕事をまっとうに評価しない社会への抗議そのもののような晩年についても、さまざまな話が出た。食べ切れないほどのおいしい料理を前に、いい、しのぶ会になった。

帰りがけ、矢川さんとタクシーで渋谷に出た。雑踏の中で、矢川さんが、「まゆみさん、あなたは、ちゃんと、仕事、なさってるわね」と一言ずつゆっくり、区切るように言った。そのときなぜ「お茶でも飲みましょうか」といわなかったのか、と思う。でもわたしが何をいっても、矢川さんの孤独を埋められなかっただろう。

考えてみると「この次、アジアを旅するときはさそってね」ともいわれていた。小さなSOSをいろいろ発していらしたのに、自分にかまけて気づかなかった。いろいろの親切に報いることもできないでいるうちに矢川さんは二〇〇二年五月の終り、黒姫の別荘で自死してしまわれた。ほんの数年、そのわりにあれこれ思い出すが、そのどの言葉も悲しくて、これ以上、書くのも、つらい。ゆっくり作品を読み直し、矢川さんの言葉を受けとめていきたい。

黒岩比佐子さんを惜しむ

ほんの少しすれ違ったばかりである。でも、心に残る人であった。

わたしよりいくつか若く、著作はすばらしかった。『伝書鳩——もうひとつのIT』『音のない記憶　ろうあの写真家 井上孝治』、そして『「食道楽」の人　村井弦斎』。これでサントリー学芸賞を受賞。女性にしてはめずらしくコレクター趣味を持ち、古書会館によく見えたという。『彷書月刊』のナナイロさんもその姿を認め、「彼女はまだまだいい仕事をするだろう」と太鼓判を押していた。

一回だけはっきり出会ったのは、『東京人』の粕谷一希さんが主宰する昼食会だった。講師は黒岩さんで、新刊『編集者国木田独歩の時代』についての話だったが、本当によく調べておられるな、と感心した。「初めまして」と挨拶すると「あら、私、森さんにお会いしていますよ。最初の一箱古本市で、本を買ってサインもしていただきました」と微笑された。

それでなんとなく打ち解けてしまったのだが、その時はセレブの集まるような昼食会だったし、黒岩さんもオレンジの光沢のある素敵なスーツをお召しだったので、良いお家のお嬢様なのではないかと推測した。いまだに真相はわからない。子どもの学費を稼ぐためになんでも引き受けて書きまくっていたわたしには、黒岩さんの緻密な寡作ぶりはちょっと羨ましい思いもしたのであった。

やがて黒岩さんは読売新聞の書評委員になられ、堺利彦と売文社について『パンとペン』という傑作を残してこの世を去った。お見舞いに行くほど親しいわけでもないし、いつも心のなかで無事を祈っていた。あんなに才能のある、ちゃんと物を書ける、しかも近代史と資料に強い人は少ない。本当に残念だった。

亡くなられてのち、旅先の宿の書棚に『日露戦争　勝利のあとの誤算』という黒岩さんの新書を見つけ、徒然《つれづれ》なるままに読んだ。新書というには超ド級のすごい本だった。宿の親父さんが、「誰かが置いていった本だから、読みきれなかったら持っていってもいいですよ」といってくれたのを幸い、今もその本はわたしの書棚にある。二〇一〇年十一月十七日逝去。あれから十年もたつのか。

旅の仕方を教わった人　——紅山雪夫

ずいぶん前、新潮社『考える人』でドイツに環境問題の取材に行った時、紅山雪夫《べにやまゆきお》という方が合流してくれたことがある。ドイツ語はまるで話せないわたしと編集者を助けに、たまたまヨーロッパに滞在中で、足を伸ばして応援に来てくれたのだ。編集者はたまたま紅山さんの本を何冊か文庫にしたことがあった。

今思えば、これは福島原発事故の前に「ドイツ人の賢い暮らし」に光を当て、地域暖房、古い家のリノベーション、ヴィオトープ、リサイクル、ホームオフィスでのテレワーク、クラインガルテンで自給自足暮らし、今日本でも話題の森の幼稚園などを紹介した画期的な特集だった。

ミュンヘンに現れた紅山さんは小柄で細身で、清潔なシャツスタイルでリュックを背負い軽々と歩いてきた。常に髪に櫛を入れ、いつもアイロンの効いたシワのないシャツをお召しでニコニコしている。とうてい父と同じ昭和二年生まれには見えなかった。

聞いたところによると、紅山さんは大阪の貧しい家に生まれた。父上は画家で山口素芳と同門とのことだったが、全然絵は売れなかった。旧制中学を出て大学へ行くまでに七年働きましたよと言う。「早生まれなので、大正十五年組で同期は志願や特攻で死んだ人もたくさんいましたが、ともかく戦争を生き延びたのは運がよかった」という。

紅山さんの英語は進駐軍のオフィスで覚えた英語である。それでも上の学校に行きたくて、お金を貯めて大検に合格、東大の法科に入った。他の人より七年遅れているし、いまさら文科でもない、就職に利く学部をと思った。駒場寮でのずっと年下の学生との相部屋生活に馴染めず、体を壊してさらに二年遅れ、卒業時には第一希望の銀行もどこも取ってくれなかった。

「腐りましたよ。ずっと駒場寮にいたのもお金がないからです。本郷に来てからも追分のＹＭＣＡの寮にいました。哲学者の森有正先生のいらしたころです。学生運動が華やかなころといっても、食うだけで必死で、それどころじゃなかった」

そのアルバイトとは外国人客の東京ガイド。徹底的に英語をしごかれた。その縁で、できたばかりの小さな旅行社に採用される。あとは慶應出が二人いるだけで、営業は不得手なのでもっぱら旅行の企画を考えた。初めてヨーロッパへ行ったのが一九六一年、ドルが三百六十円、外貨持ち出し制限のあるころで、旅行といえば視察に名を借りた官庁や企業団体の物見遊山であった。

それから四十年、旅した国は数しれず、ヨーロッパ内を中心にイスラム圏、インドも得意とし、徐々に添乗員は別につき、解説者としての参加に変わった。「紅山学校などと言って、ご夫婦で私のツアーに三十数回参加した方もあります。雑務は任せられますが、企画は自分で立てないといけない。解説のためにヨーロッパの歴史を勉強し、ずいぶん本も読みました」。

ご自分でもたくさん書いておられますね。「いや私のは実用書ですから」と言うが、現場を見てなおかつ文章が心に届く。「それとともに米語から英語の発音に切り替えました。アメリカに行く事はまずないですからね。黒人英語もユダヤ英語もすぐわかります。日本のガイドブックにはノイスバンシュタイン城をシュバイン、豚と表記してあるのや、いろんな変なのがあります」。

同行の編集者庄司さんはカールスーリエと覚え込んでしまい、何度も直されていた。カールスルーエは「カール大帝の休息」という意味、そう覚えれば発音を間違えないでしょと。

レストランで食事をする時も「メニューを見ている間はウェイターが来ないから閉じなさい。閉じたら決まったと思ってきますよ」とか、「しっ、声が高い、このクラスのレストランで大声で話すものではありません」と叱られ続けた。それは四十二歳からようやく海外に出られるようになったわたしにとって良いレッスンだった。

「メインの後にまたスープなど頼んではいけません」「何事も日の丸を背負ってるつもりで行動しなさい。そうでなくても欧米人には根深い差別心がある。礼儀を外すとやっぱり日本人は、とそれが助長されることになります」

わたしも「教会に入る時は帽子は取るものです」「日本のマンションを欧米でマンションなどと言ったら笑われます、フラットと言いなさい」に始まり、車が目的地が近づいても鼻歌を歌っていたら、「今はそんな場合じゃない、今夜のホテルを探すのに集中すべき時です」とたしなめられた。

叱られなかったのは写真の菅野さんだけ。ご自分も写真を撮る紅山さんは「やっぱりプロは違いますなぁ」と感心したり、しかも菅野さんは英語も上手で、子供に好かれ、メニューの頼み方もスマートで「旅慣れてますなぁ」とわたしたちとは大違い、十回ぐらい褒められた。

といっても紅山さんに叱られて悪い気はしなかった。それはためにする批判ではなく、経験からの事実を言ってるだけで、まことに公平なのである。ご本人もロビーにTシャツで出てきたのに、これからドイツ人の家庭を訪問するというと、これはまずいとさっと部屋に戻り、襟のあるシャツにネクタイをしてこられた。

というと格式張っているようだが、旅の途中、紅山さんはずっと冗談を言い続けた。その間に旧制高校世代らしい漢語が混ざる。ヨーロッパの川の流れ、山並みの向き、治めていた領主の名前、王室の姻戚関係、名君の品定めと何でもありなので本当に楽しかった。「いや私は文学はさっぱりで」と言うとおり、その話にはヘッセもトーマス・マンもブレヒトも出てこなかったが、シュトルムの『みずうみ』は学生の頃の愛読書だったそうである。

ちなみに紅山さんの名君ランキング上位にはハプスブルクのマリア・テレジア、ロシアのエカテリーナ、スペインのイザベラ女王、イギリスのエリザベス一世の四人の女性が入り、それぞれの業績や人柄や家族関係をあげた後、「女の方がたいてい名君ですな」と言った。ビクトリア女王はと聞くと「彼女は絶対主義以降、君臨すれども統治せずの時代ですから名君には入りません」と言われた。

時々、紅山さんどうしてるかなぁと考える。新潮文庫に入っている何冊かの文庫本を再読したりしている。

古い友だち 佐藤真

佐藤真《まこと》くんと出会ったのは東京大学新聞研究所の研究生としてだった。私は早稲田大学を出てサイマル出版会の編集者をしており、彼は東大の学部三年だったので、学年は三つ違う。新聞研究所は三十二単位取ると修了書をくれるのんびりしたところで、授業も三、四人で先生の研究室か、大学近くの喫茶店で行なわれ、なんとなく仲間気分ができた。

そのころの佐藤くんは背が高くて、痩せていて、髪の毛はふわふわ縮れた長髪だった。「森さ〜ん、僕、明日から水俣にいくんだ。当分会えないね」と笑顔で手を振って去って行った。一九八〇年くらいの話である。

新潟の川沿いの村を写した「阿賀に生きる」はシネ・ヴィヴァン・六本木で見た。すごいもの作っちゃったな。スタッフとともに住みこんで、農作業も手伝いながら映像を撮る。それは一九八四年に創刊したわたしたちの地域雑誌『谷中・根津・千駄木』と手法は似ていた。わたしたちも一人暮らしのお年寄りに「豆腐を一丁買って来てくれない?」「雪が降って外に出られない。雪かきを手伝って」などと電話をもらいながら、どうにか町に入り込むことに夢中だった。そして自分では文章を書かないお年寄りに聞き書きすることによって「記憶を記録に代え」てきた。

十四年も会わなかった佐藤くんが、谷根千工房にひょっこりやって来たのは一九九四年くらいだったか。阿賀から帰って北区に住んでいる、保育園の父母の会の活動もやっている、東京を撮りたいと彼は言った。そのときはすでに髪の毛も短くなり、体型にも貫禄がついていた。細い糸がつながり、北区の映画祭のディレクターをした彼に頼まれ、町を記録することについてシンポジウムに出たこともある。

「北京好日」の監督ニン・イン氏とそのイタリア人の夫君を、佐藤くんに頼まれて谷根千を案内したことがある。いや、全域、案内したかったのだが、ニン・インが日暮里駅から谷中銀座に到るまでの宅配便の看板などすべてのものに興味を示すので、説明しているとちっとも進まず、予定の二時間があっという間に過ぎ、結局、谷中銀座のお好み焼きやでお開きになったのだった。

そのあと、わたしは戦争や病気でなくなった昭和初期の画学生を調査しに、会津から新潟平野に向かった。佐藤くんに連絡すると「いま津川町（現・阿賀町津川）の古い旅館を借りて津川の映画を撮っているからおいでよ」と言うので、友達も連れておじゃました。そこで「狐の嫁入り行列」というイベントに参加、自分でも狐のメイクをしたけど、どう見ても狸だった。ご家族やスタッフにも会った。女の子二人はオタマジャクシを掬《すく》うのに興じていて、そんなときの佐藤くんはいいお父さんだった。彼の話には、とぼけた味があって、まじめに話せば話すほどみんな笑った。

廃業した旅館の見事な鴨居に釘を打って、スクリーンをぶら下げ、お酒を飲みながら、寝そべりながら「阿賀に生きる」を見た。六本木の映画館で見るのとまるで違う映画に見えた。芸術作品でなく、土地に根ざした民衆の映像に見えた。映像はそこに生きる人々のものであった。

会うたびに元気そうではあったが、なかなか「阿賀に生きる」に続く作品を撮れない、といっていた。テレビ番組を作ったり、ほかの監督の作品の編集を手がけたり、生活のためにさまざまなことをしなくてはならなかった。同じ頃、離婚して一人で三人の子どもを育てていたわたしも同じ悩みを抱えていた。

一九九八年「まひるのほし」、二〇〇〇年「SELF AND OTHERS」、二〇〇一年「花子」も試写状を送ってもらい見た。それぞれなかなか良い作品だったが、「佐藤くんは本当にこれが作りたかったの？」と思わないでもなかった。二〇〇四年の「阿賀の記憶」を見たら、ちょっと落ち着いた。十年経つと老人はいなくなる。その不在を撮った映画だった。

二〇〇四年にわたしは東京国際大学に勤め、その前年からテレビマンユニオン出身の村木良彦さんと「地方の時代映像祭」の運営に関わることになった。

審査員が二人欠員になり、「誰か良い方はいませんか」という村木さんのお尋ねで、仙台で農業や漁業にくわしい結城登美雄氏と映画監督佐藤真を推薦した。このほか森達也、吉岡忍、石井彰、境真理子などの方と、毎年、川越で一週間映像を見続けた夏は懐かしい。息を詰めて「重い題材のドキュメンタリー」を見るとくたびれ果て、一本終わるたび煙草を吸いながら立ち話をする。夜はスタッフの学生たちと安い居酒屋で話し、川越泊まり。業界的な政治をする人は誰も居なくて、みんな作品本位で激論を交わした。

わたしはこの恐ろしいメンバーの交通整理をするため何年か、「地方の時代映像祭」審査委員長を務めたが、気持ちのいい審査だったと思う。佐藤くんは例によって、まじめに人を笑わせながら、自分がいいと思う作品を孤立しながら応援演説した。

二〇〇五年、「エドワード・サイードOUT OF PLACE」の試写会に、みすず書房の守田省吾さんと行って佐藤くんを紹介し、みすず書房での二冊の本『エドワード・サイードOUT OF PLACE』『ドキュメンタリーの修辞学』（いずれも二〇〇六年）につながったことがわたしとしては嬉しい。

その頃か、佐藤くんがわたしの書いた『長生きも芸のうち　岡本文弥百歳』を読んで興味をもった。岡本文弥は明治二十八年生まれの新内がたり（浄瑠璃太夫）で、大正時代はアナキストで編集者でもあった。映像化したいという。

「だって文弥さんはもう死んじゃっているんだよ」と言うと「森さんのインタビューの音源があれば大丈夫だよ」という。たしかに牛腸茂雄《ごちょうしげお》にしても、サイードにしても、「不在」を、「失われたものの意味」を問うのが彼の手法であった。それで二人で谷中の岡本文弥の生きた周辺を散歩し、家を訪ねて継承者の岡本宮之助さんに企画について了承をもらった。宮之助さんも映像化を歓迎し、協力を惜しまないと約束してくれた。ところがわたしの肝心のインタビューテープが見つからなくて、なかなかその企画は進まなかった。

佐藤くんはロンドンにも文化庁の派遣で行ったし、京都の大学の教授にもなったし、生活は少しずつ安定したとは思うが、そのことがまた作り手としての彼にとっては制約が多いものとなっただろう。わたしも大学に就職する時、もっとも信頼する友人から「あなたは人間が好きだし、いい先生になると思う。でも物書きで大学にいって仕事が良くなった例はないな、ははは」と笑われた。確かに、自分は大学向きではないと思い、三年で辞めた。フリーで生きていくことがどんなに大変かは骨身に沁みているけれども。

二〇〇七年、わたしはアテネ・フランセ文化センターの松本正道さんから佐藤くんの状況を聞いた。「何かあったらすぐ行くから」と言ったのに、追っかけて松本さんから来たのは訃報だった。

二〇〇七年の「地方の時代映像祭」の審査はそういうわけで、佐藤真抜きでやらなければならなかった。その初日にこれまた、これから入院するという村木良彦さんが蒼白な顔で現れ、今年の審査をよろしく頼むと言いながら、佐藤くんの死に衝撃を受けていたのが忘れられない。わたしたちは全員一致で、佐藤真賞をもうけることに決め、お連れ合いの神谷丹路《にじ》さんにお電話で了承を求めた。その時、「たしかに佐藤は岡本文弥というファイルを作っていました」とうかがい、本当になぜもっと事務所を家捜しして、インタビュー音源を探さなかったのだろうと自分を責めた。別の人にテープを貸したことをわたしはすっかり忘れていた。しばらくしてある人が長らくお借りしてすみません、と返して来た。

ああ、いろんなことが頭に去来する。佐藤くんが亡くなった時、やっぱりここで騒いでおかなければ、彼のことが忘れられてしまうと思い、『婦人公論』に持ち込んで森達也さんと対談させてもらった。そんなことをしたのは初めてだ。しかし彼の仕事は今なお忘れられていない。

同僚教員の村木良彦さん

三年間だけ大学の正教員をやったことがある。東京国際大学という埼玉県川越市にある大学だった。それは不思議な体験だった。よほど貫禄がなかったのか、入学式の日に、学生たちからいっぱいサークルの案内のチラシをもらった。新入生と間違われたのかもしれない。教員用のバスに乗ったら運転手さんが、「学生は乗れないよ」と冷たく言った。コピールームでレジュメのコピーを取ろうとしてたら事務員に「ここは学生は使っちゃいけないの」と言われたこともある。

とても居心地が悪い場所ではあったが、試験監督なんかで何もすることがないと、監督同士おしゃべりするのは楽しかった。東大からいらした満州帝国の資料の分析で有名な原朗《あきら》先生の話を夢中になって聞いた。同じ学部の同僚には、村木良彦先生という温厚な方がいた。

学生たちはその前身を知らないが、彼こそは萩本晴彦氏、今野勉氏と一緒に「テレビマンユニオン」というすごい映像プロダクションを作った初期のテレビマンなのである。

村木さんは東京大学を出て、映画監督になるか、草創期のテレビに行くか悩んだらしい。お父さんは札幌の裁判官だった。ＴＢＳに入って最初の仕事は皇太子のご成婚パレードの実況中継だった。それから実験的なドキュメンタリーをたくさん作って独立、テレビマンユニオンを立ち上げた。

授業を終えて帰りが一緒になると「お茶でも飲みましょう」ということになり、大型のドキュメンタリーを作るときの制作費の手配とか、取材の苦労とか、モスクワ経由でシベリア鉄道に乗ったとき警官に賄賂を払わないと通してくれなかった話とか、取材中、要所要所でお金をつかませる必要がある国の話とか、いろいろ教えていただいた。

その大学では村木さんの縁で、それまで神奈川県川崎市が担っていた「地方の時代映像祭」の事務局を引き受けることになり、村木さんとわたしが担当になった。最初の年は吉田喜重監督が審査委員長で、夏の間、一週間も泊まり込みで、毎日ドキュメンタリーを見た。日本の中にこんな現実があるのか、疲れたけれど充実した日々だった。仕事が終わるとみんなで集まって川越あたりで飲んだくれてたからなかなか楽しい時間ではあった。

村木さんは、藤原智子監督の「ルイズ　その旅立ち」（一九九七年）というドキュメンタリーを高く評価して授業でも見せておられた。わたしは伊藤野枝とか大杉栄とかその辺のアナキズム関係は興味の範囲である。映像は二人の間に生まれた伊藤ルイさんという末っ子が、自分の家の女中をしていた人を訪ねていく。やっとたどりつくと病院に入院していた。「ルイちゃん、あんたのお母さんは偉い人やった」と言ってベッドの上のおばあさんがハラハラ涙を流す。

それだけ、とわたしは不満だった。「わたしなら、はるばる訪ねてきたんだから、聞いた内容を全部書かなきゃ気がすまないし、もっとたくさん取材するわ」と言うと村木さんは、「いやあれでいいんです、ノンフィクションとドキュメンタリーは違う」とこたえるのだった。

確かに同じ「そうなの」という言葉でも、活字で見ると同じだが、映像で見るとその言い方で、イントネーションや声の高さで、懐疑的であったり、納得したり、やっとわかったという感じだったり、がっかりしたり、「そのニュアンスの違いが出るもんなんです。それが伝わるかどうかがドキュメンタリーの力なんだ」と言われて、活字と映像の違いを理解した。

わたしが最後に関わった「地方の時代映像祭」はすごく辛かった。というのはその直前に審査員をつとめるはずの佐藤真が自死してしまい、その欠員をどう埋めるか、佐藤真賞を作るかどうかという論議をしていた。その議論をリードするはずの村木さん自身も、体調を崩されて入院する直前だった。「後は頼みます」と蒼白なお顔でわたしにおっしゃって、村木さんはそのまま病院へ向かって、帰らぬ人となった。

「地方の時代映像祭」も関西大学に事務局が移り、わたしはもう何も関わってはいない。川越に事務局があった時代のことは、『映像が語る「地方の時代」30年』というアーカイブの本からも見事に消し去られている。審査員も大幅に変わってしまったけれども、川越で毎日映像を見ては、安い居酒屋に事務局の学生たちも連れて飲んで騒いだ日々を、今となってはかけがえのないもののように思い出す。

ゆふいん文化・記録映画祭　――土本典昭ほか

一九九八年から始まった「ゆふいん文化・記録映画祭」は、わたしにとっては長らく年に一度の楽しみだった。その前に劇映画（ドラマ）をかける湯布院映画祭に二度ほどお邪魔したが、監督と女優、男優を中心にファンたちが群れ集う華やかな場所で、わたしには合わなかった。文化・記録映画祭が始まった頃、五月といえば、毎年、『即興詩人』のイタリア』の取材のためにイタリアに行っていたので、参加できたのは二〇〇四年の第七回からである。

見たすべての作品が面白かった。いろんな若手作家とも知り合ったが、毎年、重鎮として静かに盃を傾けていたのは松川八洲雄さんだった。松川さんは地味ではあるが、文化映画では数々の賞をとった大ベテランである。「映像叙事詩 みちのおく」「神々のふるさと出雲神楽」「琵琶湖・長浜 曳山まつり」「鳥獣戯画」「ムカシが来た」などナレーションの緻密さ、諧謔《かいぎゃく》とともに滲む権力批判、何度見ても見飽きない。「森鷗外の伝記映画を紀伊國屋ポルケで作るとき、森さんの『鷗外の坂』を何度も読み直しましたよ。僕は昔『ぶどうの会』の事務局にいましたから、本郷の喫茶店ブラジルでよく木下順二さんたちと集まっていました」。

それから時枝俊江監督。「絵図に偲ぶ江戸のくらし」という名作がある。これは文京区製作の映画。昔の岩槻街道、今の本郷通りの駒込天現寺から上富士くらいまでの両側を描いた江戸の絵を詳しく解説していく。伊藤惣一が語りを務める。たくさんの賞を受賞しており、こんな作品を発注した当時の文京区も立派なものである。他にも文京区の依頼で「ぶんきょうゆかりの文人たち」「坂——くらしの中の風景」なども作ってくださった。

時枝さんはおかっぱ頭でタバコをくゆらしながら、校庭の隅に腰をかけてかっこよかった。一九二九年生まれ、三井鉱山に勤めていた父親を持ち、時枝文法で有名な時枝誠記《もとき》は遠縁だそうだ。東京女子大学をでて、最初スクリプターとなり、一九五一年に草創期の岩波映画に移り、文革の中国を扱った「夜開けの国」などを監督した。

わたしは谷中コミュニティセンターでも、時枝さんの話を聞いたことがある。それはわたしが最初の赤ん坊を育てていた頃で、目の前に自分の仕事を確立して堂々としている大先輩を見て憧れに似たものを感じた。湯布院の映画祭で、その人の前でその人が監督した「絵図に偲ぶ江戸のくらし」について解説などすることになるとは、冷や汗をかいた。時枝さんも亡くなられその遺言により、マンションを処分した遺産は「国境なき医師団」や「ゆふいん文化・記録映画祭」に寄付された。

もう一人は土本典昭監督。ドキュメンタリーの教祖みたいに思われている。一九七〇年代初めから水俣病を追い、「水俣——患者さんとその世界」「不知火海」「海とお月さまたち」などの傑作がある。わたしが驚いたのは一九八二年の「原発切抜帖」。チェルノブイリの原発事故以前、原発に疑問を抱いた土本さんは新聞のスクラップブックを作る自分を映像化した。小沢昭一さんのナレーションが秀逸。福島原発事故後のいま思えば、どれだけ予言的な作品だったことだろう。

その他にも「ある機関助士」は国鉄の発注らしいが、水戸から上野までのSLの時代の機関車助士の姿を描いた。「留学生チュアスイリン」はシンガポール留学生支援の千葉大の学生運動を描く。東大や早稲田よりも早く起きていた。ここには監督自身の怒号も聞こえるし、わたしの友人も写っている。土本さんとも毎年お会いするのが楽しみだったのに。

映像ドキュメンタリーというものに目を見開かれた十年、その軸となったのがこの三人の方である。そしてその場を作ってくださった中谷健太郎さんはじめ、湯布院の方たちの見識と力量にも驚かされる。「ゆふいん」はわたしにとって第二の故郷のようになっていった。

neoneo坐で会った萩野靖乃さん

神田小川町にneoneo坐というドキュメンタリーの小さな映画館があって、何度か見に行ったものである。ゆふいん文化・記録映画祭の清水浩之さんが関わっており、何を見ても面白かった。二〇〇六年頃、「宋家の三姉妹」という映画が岩波ホールで人気があったが、それよりここで見たドキュメンタリー「宋姉妹」(一九九四年)の方が面白かった。それを国際共同制作で作ったのは村木良彦さんのいた「テレビマンユニオン」で制作費が六億と聞いて、「一回放映するだけではもったいない」といったら、村木さんから「出演者全員に再放送の許可を取るのが大変なんですよ」と聞いた。

中でも「密航」(一九八〇年)というNHKの番組はすばらしかった。今では考えられないが、当時、韓国から自由を求めて日本に小さな船で海を越えてくる人々がいた。これを制作したのがNHKの萩野靖乃《やすのぶ》さんで、本人も小さな船から風に飛ばされそうになりながら実況している。若き日の大島渚さんに似てかっこよかった。その頃は日本につくと長崎県大村にある密航者の収容所に入れられたのだ。その収容所の様子も描かれていた。その場に萩野さんも来ておられ、また驚いたことに、子供の頃、大浦収容所にいた当事者の韓国人が大学院生になってその場にいた。これにはみんな驚いた。

萩野さんは、東日本大震災後にわたしが参加した映像グループ「映像ドキュメント」のリーダー的な存在である桜井均さん（元NHKチーフプロデューサー）の友人でもあり、その後も二〇一〇年の二月頃、放送人の会の主催するドキュメンタリーのイベントなどでもお会いし、帰りに横浜の中華街で食事をしたこともある。桜井さんも萩野さんも東京の下町の出身なので、なんとなくウマがあった。なんでも同僚に山本五十六の息子がいて悠然たる人物であったとか。下町の遊廓の話とか。売春防止法の頃の街の様子とか。

また萩野さんからお便りが来て、樺美智子の伝記を送ってくださった。

「もう読んでしまったから、差し上げます。私の知っている彼女とは違いますが」と書いてあった。それで初めて萩野さんが六〇年安保の時に東京大学の日本史学科にいて、樺美智子さんと一緒にデモに参加したことを知った。

萩野さんとはそれきりである。ほどなくして訃報が届いた。お悔やみの手紙を送ると、奥様から丁重に「萩野がお世話になりました。とても楽しそうにお会いしたときのことを話しておりました」というお便りをいただいた。

松井秀喜選手とちょっとだけ立ち話

スラッガー松井秀喜を最初に見たのはもう十五年も前で、飯田橋の居酒屋だった。二階の小座敷で南伸坊さんや関川夏央さんと編集者の皆さんと数人で飲んでいると、ついたて越しの向こうに「失礼します」と大きな若い男性がぬっと入ってきた。

その人は一時間ばかりテレビのニュースを見ながら静かに食事をし、そのあとボールや色紙にサインをして、また「お邪魔しました」と声をかけて帰っていった。

「あの人、誰?」と聞くと、関川さんに「去年のホームラン王だ！　お前、知らないのか」とあきれられた。その夜、礼儀正しい青年を祝して瞬時に「松井ファンクラブ」が結成され、それからわたしはずっとテレビでグラウンドの彼を見つめ続けた。

松井の顔は昭和の顔である。顔が大きい。目は一重で細い。左眉毛の中に大きなほくろがある。ほお骨が高い。高校生の時はニキビもあったろう。あごが出てやや受け口だ。石川県の海の近い所で、するめとかカニとかをよく噛んで強くなったあごではないか。

歯も強いに違いない。打席にはいった時は少し口を開けて力を抜くが、ホームランを打つ瞬間の松井はきっとその歯をぐっと食いしばってほおを膨らませる。

これぞ男の顔だ。よく見ると能面にも似ている。

松井は話し方を見ても控えめで、しゃれたことも気取ったことも言わないが、いつもよく考えて、まっとうな誠実な発言をする。一度だけわたしは『東京人』で短いインタビューをすることができた。これはとんでもなくラッキーなことで、読売巨人軍のマネージをしている元読売新聞の記者が、読売の書評委員をしていたわたしの本も読んでくださっていたらしく、『東京人』の高橋編集長は「インタビュー依頼はたくさんあるらしいですが、ビューンと飛び越して特別にOKが出たそうです」と、嘘か本当かわからないがはしゃいでいた。

そうはいっても立ち話で十分。野球のことはわからないから、オフの日の過ごし方を聞いた。「たいてい家で本を読んでますね」と言ってにっこりした。真ん中で分けた髪をなで上げてキャップをかぶったとたん、口を一文字に結び、勝負師の顔になって去っていった。気がついたのだが、松井選手の耳は大きくて福耳だった。

ジュリーのいた日々　——沢田研二

生まれてこのかたクラっときたスターはテレンス・スタンプ、サミー・フレー、デヴィッド・ヘミングス、と並べた所でなんのこっちゃだろう。いや一人、誰でも知っている人のファンであった。

一九六六年、中学一年の夏休みに、外語大の英語教習に通った。プリーツスカートのお下げ髪の子が「ねえ、あなた誰が好き」と聞いた。フリルのついたブラウスの子が「あたし、ピーよ」と答え、お下げ髪は「あたしはジュリー」と声を張り上げた。それがザ・タイガースを知った日。夏休みが終わると、学校でもサリーやトッポやタローの話題で持ち切り。少女たちは好きなメンバーの身長や趣味や血液型まで覚えた。

タイガースは京都で高校生が結成し、内田裕也に見出され、上京してナベプロ専属となり、デビューしたのはこの年の二月、デビュー曲は「僕のマリー」。恋するマリーが「フランス人形抱いていた」というのだから、よほど幼い恋なのだろうが、歌う方は十八で騒ぐ方も十二だから、これでよかったのだ。

「君だけに愛を」では「君を！」といってボーカルのジュリーこと沢田研二が客席を指すと、少女たちは自分が差されたのだと思って、キャーキャー興奮した。ほかにも「モナリザの微笑」「銀河のロマンス」「花の首飾り」「落葉の物語」「廃墟の鳩」……。みんなメルヘンチックな少女趣味である。ヨーロッパ志向で、レコードジャケットの服装も中世の王子様みたいだったり、黒いマントを着ていたり。今見ると笑っちゃう。

それでもジュリーこと沢田研二はわたしのアイドルだった。生身の男が現れるまで。近くの動坂映画に「世界はボクらを待っている」を見に行ったこともある。アンドロメダ星シルビィ姫の婚約者ナルシス殿下に三遊亭円楽が扮するという、もうハチャメチャな話。結婚を嫌がるシルビィ姫を守るのがタイガースの面々で、「白雪姫」か「ローマの休日」みたいだが、全編これヒットソングがちりばめられ、けっこう満足したものだ。

タイガース解散後、沢田研二はソロ歌手となり、阿久悠の作詞で「時の過ぎゆくままに」「勝手にしやがれ」「カサブランカ・ダンディ」などのとんでもないメガヒットを飛ばしたが、この時代のジュリーはあまり興味がない。色目を入れて、ハーケンクロイツのナチスをおもわせる制服で登場したとき、わたしはあきれて歌手ジュリーのファンであることをやめた。

俳優沢田研二としても活躍した。「太陽を盗んだ男」（長谷川和彦監督、一九七九年）。東海村の原子力発電所からプルトニウムを盗んだ中学教師が、アパートで原爆を製造、それを国会議事堂にしかけて政府を脅す。その教師の役がジュリーで、フーセンガムをくちゃくちゃしながらほとんど役立たずな長髪の教師、実は政府脅迫の実行犯。その要求は「プロ野球を最後まで中継しろ」「ローリング・ストーンズを日本に呼べ」。愉快犯というのかな、なんとかわいらしいんでしょう。

しかし東京電力福島第一原発が事故を起こした今見ると、なんと先見的な映画ではないか。美しいというより、ジュリーの二重人格っぽい、とぼけた、酷薄で人間不信な演技もよかった。この年のキネ旬二位、ジュリーは報知映画賞主演男優賞。

角川映画「魔界転生」（深作欣二監督、一九八一年）も忘れがたい。天草四郎時貞の異様な美しさ、女性性、妖艶さは三十代のジュリーしかありえない。真田広之の伊賀の霧丸との接吻シーン、目に入れた金色のコンタクト、ぞっとする笑顔、辻村ジュサブローの衣装と娯楽劇としても見所満載。宮本武蔵役の緒形拳、柳生但馬守宗矩役の若山富三郎の殺陣《たて》のすごさ、城の紅蓮の炎のなかに立ち尽くすジュリー（天草四郎）と千葉真一（柳生十兵衛）、息を呑んで見た。

ほかにもテレビドラマ、久世光彦演出「源氏物語」（あのころ光源氏が似合うのはこの人しかいない。八千草薫、いしだあゆみ、みんな美しかった）、「悪魔のようなあいつ」は三億円強奪事件をアクロバティックにドラマ化。主題歌は「時の過ぎゆくままに」。久世さんはジュリーに〝愛〟を感じていたのじゃないかと思う。

そしていま、わたしはネットでジュリーに夢中。きっかけは小学校時代の友達がコンサートに誘ってくれたこと。大病をしてクラス会に出ないとフテるわたしに「まゆみちゃん、この年になってこころやからだに傷一つないやつなんて一人もいないよ」といさめた男だ。

コンサート会場に行くとトイレの前はファンの長い列。「おしっこちびる年になっても恋は出来るもんだね」「感受性は年をとらないね」。はじまると一列目が立ち、二列目もつられて立ち、三列目も見えないから立ち、要するにドミノ立ち。二時間、スイングしてしまった。でも観客もジュリーも歳をとって、「シーサイド・バウンド」はよほどテンポのゆるい曲になっていた。

それからというもの、ユーチューブで見聞きしているが、なんといい声、伸びのある高音、はっきりと意味の聞き取れる日本語なんだろう。銀幕を見なくとも一曲三分で一つのドラマが演じられる。舞台でウイスキーを噴き上げたり（「カサブランカ・ダンディ」）、気球を背負って空を飛んだり（「ＴＯＫＩＯ」）、今になってみると楽しいったらない。三十代終りのソバージュもすてきだし、四十代の短めの髪もいい。テレビに出なくなったジュリーの舞台を見損なった時間が、今となると悔しい。でも一番好きなのは自分を曲げることなく「恨まないよ」「3月8日の雲」「F.A.P.P」をうたっている、いまの沢田研二。「桜坂」という曲も心にしみる。どうか聖老人になってください。

樹木希林さんとの接近遭遇

樹木希林という女優は演技が上手《うま》いだけでなく、生き方もうまかった。

二〇一六年に、早稲田で「ドキュメンタリーが語る原発と戦争」が催された。、わたしはその頃、一応、「早稲田大学ジャーナリズム研究所」研究員だった。卒業後、母校にもほとんど行ったことはないし、モギリの手伝いでもしようと出かけた。わたしの推薦したチェルノブイリのドキュメンタリー映画もやるはずだった。

早稲田大学には四万人の学生がいる。授業でも告知すると何人かの先生が言うし、社会人より学生を優先したいというので、公の告知はしなかった。

初日の午前中、東海テレビの阿武野《あぶの》勝彦さんと樹木希林さんのトークで、すばらしいドキュメンタリーを連続でやるというのに、会場の「早稲田小劇場どらま館」に来たのはたった七人。ワセダの学生も欲がないなァ。

黒っぽい和服を仕立て直したような樹木希林さんは舞台に上がるとこうおっしゃった。

「あらあ、月曜日の朝に、四人くらいしか来ないかな、と思ったら、七人も来てくださったのね」。これは事務局の集客力のなさを皮肉ったとしか思えず、自ずと胸が痛んだ。本当にそれは七人で聞くにはもったいないようないい話だった。

幕間にわたしはお茶を出す手が震えた。すてきなお召物ですね。

「これ、自分で作ったのよ。なんでも自分で作るのよ」

と両袖を広げて見せてくれた。本当に気さくで、前から知っている人のようだった。わたしはそっとその素材に触らせてもらった。つむぎのような、ふわりとした絹。「いい手ざわり。でも、作品中、ずっと同じ服でしたね」。

「だって、どこを先に撮って後でどう繋ぐかわかんないから、服が途中で変わって、また元に戻ったりしたらおかしいでしょ」と樹木さんはゆかいそうに笑った。あ、そうか。

そのうち話すことがなくなった。それで実はわたしも同じ病気なんです。とつい余計なことを言ってしまった。

「でも、あなた、治ったんでしょ」と樹木さんはさらっと言った。わたしは子宮ガンの早期で、転移もなく、放射線治療のみで乗り切ったところだった。樹木希林さんはステージ4ですでに転移もあるのに、こうして来てくださったのだ。今日も自然な立ち振る舞いで、闘病中であることは毛ほども見せない。うっかりしたことを言った自分を恥じた。

樹木希林が亡くなってから、彼女の書いた本はすべてベストセラー、何百万部も売れている。喪失感は大きかった。うちの母も、沢村貞子さんが亡くなって以来、一番好きな女優だった、と惜しむ。是枝裕和監督の作品をずっと見直しているが、樹木希林はうますぎる。うますぎて他の俳優は食われてしまう。ダメ息子を持った老母の役なんて、憎らしいほどうまい。わたしも息子に、出会い頭にあんな嫌味をちらっと言ったりするもんな。

「ぐるりのこと。」「歩いても 歩いても」「海街 diary」「海よりもまだ深く」「万引き家族」、どれもすばらしい。この前は田端の小さな映画館で、阿武野さんプロデュースの「居酒屋ばぁば」を見た。「人生フルーツ」の建築家夫人を迎えて、上手に話を引き出しながら、希林さんはおいしそうにお酒を飲んでいた。なんだか生死を超えてしまったようだった。

九代目市川團十郎丈のギャラン

二〇一三年二月、市川團十郎さんが亡くなった。

中学の時、三宅坂に国立劇場ができた時に、学生券三百五十円というので通い始めた。歌舞伎座にも並行して行くようになったが、当時は海老蔵、玉三郎の海老玉、あるいは菊之助、玉三郎の菊玉がコンビで人気があった。もちろん時には菊之助が弁天小僧や女形《おやま》の役をすることもあった。片岡孝夫も直侍とか四谷怪談の伊右衛門がよかった。みなさん、それぞれ九代目團十郎、七代目菊五郎、片岡仁左衛門と歌舞伎界の重鎮になった。

市川團十郎さんとは文化審議会の全体会でご一緒することが何度かあった。わたしは毎月の文化財保護の会議もあり、あまり出席率は良くなかったが、團十郎丈はいつもはっきりした正論を臆せずにおっしゃるので、目を見張って聞いた。ある意味で、空気を読まない真っ直ぐな人だった。美男子で有名な海老蔵を父にもち、同じく美男子だが何かと問題を起こす息子を持って、間に挟まれて大変な思いをされたのではないか、と思う。

会議が終わると、エレベーターのところで先に待っておられても「どうぞ」と先に乗せてくださる。一階では降りるまでドアが閉まらないようにボタンを押していてくださる。人気商売だから気を遣っているというよりも、天性のやさしい人で、森茉莉の言うようなギャランだった。

大切な人を亡くしたような気がする。二〇一二年十二月の中村勘三郎さんに次いで、巨星墜つというかんじだ。勘三郎さんとは一回、芝居を隣の席で見たことがある。風吹ジュンさんと一緒に来ておられた。彼の渋谷のコクーンでの芝居、たとえば「夏祭浪花鑑」や阪本順治の監督の「顔」なんかも大好きだった。

本当にふたつの星が落ちてしまった。

バングラディシュのマクブールさん

3・11の東日本大震災後、大塚モスクとの協働が始まり、文京区向丘の光源寺をベースにおにぎりを握ったり、バンに積んで福島のいわき市まで届けたりした。五月になるとわたしは地域の仲間たち、池本夫妻や区議の浅田さんといわきまで炊き出しの手伝いに行くことにした。

いわきは大都市で農村部もあるのに、そこの人たちがなぜ津波でやられた海岸部を支援しないのか、東京でおにぎりを握り、野菜をカットしてサラダを作ったりしなければいけないのか、現地を見ないと納得できなかったからである。そしてそろそろ東京でおにぎりを握って届けるのでは無理なぐらい、気温も高くなってきていた。

地域の仲間と大塚モスクのアキルさんを乗せ、常磐道を北に走った。いわきまではガソリンを満タンにすれば、途中給油しないでも往復できる。行ってみるといわき市は福島第二の大都市だが、完全に山側と海側で分断されていた。しかも3・11の後、インフラの被害を整備し終わった四月十一日、またしても大きな余震があり、またインフラが途切れて、海側の支援どころではなかったという。そして都市部と農村と漁村では気質もかなり違うとのことだった。

パキスタン人で何か国語も話し、小名浜からロシアに日本の中古車を積み出すディーラーがいわきモスクの支援の先頭に立っていた。アキルさんもそうだが、ムスリムたちはビジネスと困っている人を助けるボランティア（彼らの言葉ではジハード）を両立させていた。海側の避難所のために、いわきモスクの事務所で一人でずっと炊き出しをしてくれていたのがマクブールさんだった。フルネームを知らない。バングラディシュ人のコックさんで、東京のレストランで働いていたが、失職したという。そういう大変な方がここでボランティアで働いてくださっている。「ワタシ金ない、だから体だけサービス」が合言葉。しゃがれ声で「ガンボロー」というのが口癖で、すでに二週間もカレーを大釜で作り続けていた。目が大きく、目力はハンパないものがあった。もちろん避難所のメニューが毎日カレーなわけはない。作るカレーは毎日違う避難所に届けられる。マクブールさんの指図のもと、わたしたちも「ガンボロー」と唱和して働いた。

しかしやることがどうも日本人と違う。大鍋でカレーを作るとき、まずはどぶどぶと一本くらいのサラダ油を入れる。出来上がったカレーは相当油気が強い。またイスラム教徒なので、一切、豚肉は入れられない。鰹節の出汁も拒否された。ハラール認証の鶏肉、そして玉ねぎ、人参、ジャガイモをたくさんむいては刻んだ。

これも彼なりの切り方があっていうとおりにしないとおかんむりになる。サラダにするレタスを二十個買ってこいという。買ってくると「むいて、クイックリー」。茶色いところを指差して、「悪いレタス、だめ」、という。丁寧に包丁で切っていたら、マクブールさんはイライラしたらしく、レタスの真ん中を拳骨でぽかっとと叩いて芯をねじり取り、さくさくと手で割ってボールに入れる。こうしろという。

「日本人、目で食べる。カタいのだめ、茶色だめ」。この人、酒も豚肉も食べないのに、買い物に行くわたしに「タバコ買ってきて」と頼んだ。ようわからん。

わたしたちが鳥の唐揚げを作った日があった。ものすごい量のモモ肉を仕入れておいたら、知らないうちにマクブールさんが、鳥の皮をみんなむいてしまった。ええ！　皮付きの方がおいしいのに。仕方なく、皮はべつに片栗粉をまぶして唐揚げにし、わたしたちの夜のビールのつまみになった。

東京に帰ってからマクブールさんが故国バングラに帰ると聞いた。小さなお嬢さんがいるという。わたしたちはカンパを集め、お嬢さんにお土産でも買ってねと手渡した。とても喜んでいたそうである。こういうことはみんな近所の池本英子さんが音頭をとってやってくれた。その後、ほどなく故国に帰ったマクブールさんが亡くなったと聞いて驚いた。
いまだになぜかよくわからない。

彼のしゃがれ声のガンボローが今も耳に響く。

北上へ行ったジョン君

二〇一二年の三月にニューヨークに行った時に、ジョン君という若い建築家と飲んだ。長い友人、九州大学の藤原惠洋さんの次男、風人君が連れてきた。ジョン君はカリフォルニア工科大学を卒業後、ロサンジェルスで児童施設などの設計の仕事をし、九州大学に一年留学し、その秋からは奨学金でハーバード大学の建築科の大学院に行くという。まあなんと自由自在に生きているものだろう。

夏には日本に一ヶ月行くので、ぜひ東北の被災地に行ってお手伝いがしたい、と言っていた。その後、何度かメールが来て、どこに行けばいいか、長靴とか、軍手とか、スコップとか、持っていくものは何か、と聞いてきたので、ツナミからはもう一年半、おそらくもう瓦礫の片付けなどは終わっていると思うよ、と返事をした。

七月二日朝、わたしをたずねてきたジョン君に、このまま上野駅から仙台まで行って、そこからバスに乗り換えて、石巻市の旧北上町、北上川河口の茅葺きの屋根屋さん、熊谷秋雄さんを訪ねるように言った。あまりあちこち見て歩くより、あそこに一週間もいれば大抵のことはわかると思うよ。連絡しとくから。

彼はそのとおりにして、石巻、女川、北上川、追波湾あたりを一週間、自転車を借りて回ってきたという。北上川河口の熊谷さんの茅場も、子供たちがたくさん亡くなった大川小学校も、カキの養殖も見てきた。「みんな悲しいことの後なのに明るい顔をしていた」「草刈りの手伝いをしました」「ぼくはまたきっと石巻に行きます！」という。

いい経験をさせてもらったので、森さんにありがとうと言いたくて、と重いトランクを持って上野駅から羽田に行く途中にわざわざわたしの住む白山に寄ってくれたのだ。なんという礼儀正しい、人に世話になったことをちゃんとわかっている青年だろう。

彼はアメリカで生きるフィリピン移民の子どもだ。背負うものは重かろう。そのことが彼のやさしさと誠実さを育てたのか？

「石巻の熊谷さんがタガログ語を話すのにはびっくりした」という。そういえば茅葺きの熊谷秋雄さんが昔、フィリピンに海外青年協力隊で三年も行っていたことを、ジョン君にいわれるまで忘れていた。熊谷さんからは「いい青年を紹介してくれてありがとうございました。津波の後に来た人でピカイチですね」という電話がきた。

中村哲さんのたたずまい

二〇一九年十二月四日に中村哲さんがアフガニスタンのジャララバードで武装集団に銃撃され、現地の人たちと亡くなった時は一晩、号泣した。たくさんの人が彼の死を悼んだ。

わたしが中村さんを知ったのは二十年も前、まだ彼がそうは知られていないころだった。京都で論楽社という場を持ち、出版もしている虫賀さんと上島さんが「今度ペシャワール会の中村哲さんが来られるのだけど、まゆみさん、聞き役をしてくれない？」という。

虫賀さんとは『京都ｔｏｍｏｒｒｏｗ』という雑誌の創刊記念に呼んでもらって以来の知り合いであり、彼らが京都の北の岩倉に借りている家の佇まいも好きなので、喜んで出かけた。その前に『アフガニスタンの診療所から』という中村さんの本を読んでいった。その時のやり取りは『にんげんは夢を盛るうつわ』に書いた。中村さんはパキスタンやアフガニスタンの情況を「いくら言っても誰も聞かない」とおっしゃっていたので、わたしは彼の本をたくさん買っていろんな人に配ってきた。

中村さんは九州大学を出た医師である。山岳部でパキスタンからヒマラヤに入った時に、ハンセン氏病の患者に治してくれとすがられたが、登山目的の旅で薬も医療機器も持っていない。少し待っておれ、と中村さんはロンドンの感染症研究所で学び、言葉も学んでパキスタン北西部のペシャワールに入り、診療所を開いたのが一九八四年。まさにわたしが『谷根千』を始めた年である。中村さんはわたしより七つ上だから、三十代半ばだっただろう。診療所では一年に一万七千人の人を診たという。大変なことも多くて、熱病でふらふらになって十キロも体重が落ち、日本大使館に救出されたこともあったという。

聞いた話で面白かったのは、現地の人々の心情だ。

「ヤクザと同じです。自分の懐に飛び込んできたものは何があっても守る。部族の長老会議ですべてが決まる。多分一生に三度しか体を洗わないでしょう。生まれた時、結婚式の時、死ぬとき」

聞けば中村さんの母方の祖父は、北九州若松の沖仲仕の親分玉井金五郎、彼のことを『花と龍』に書いた火野葦平は伯父にあたる。中村さんの中にもこの「義を見てせざるは勇なきなり」といった心性はあったのだろう。わたしは中村医師のお母さんにも興味を持ったが、多分、火野葦平が寅さんで、健気な「桜」みたいな人なのかと思っていたら、お母さんもかなりの豪傑だったらしい。

また夫が危険な海外でのＮＧＯ活動に従事する間、家を守っている妻はどういう方かとも想像した。福岡には中村さんを支援するペシャワール会という強固な組織があって、全国からのカンパをできるだけ現地で使えるようにボランティアで頑張っている。

二〇〇八年、ＰＫＯの海外派遣の際、国会に参考人として招かれた中村哲さんは、派遣は「百害あって一利なし」と喝破したことで一躍、有名になった。

二〇〇〇年ごろから、中村さんは医療以前の地域の生存根拠を作るために、飲料水のための井戸を掘り、農業用の水路を造る活動を始め、砂漠を緑の大地に変えてきた。「病気は後で治す。待っておれ」と中村さんは言った。その活動についてはその後、たくさんのテレビ番組や書籍もあるから、ここでは触れない。

このあと話は脱線する。ちょっと面白い話である。わたしのはとこ沓澤さなみは宮城県の船岡というところで絵画教室をはじめとして、服を縫ったり、あらゆるアートの活動をしているが、仙台にフジコ・ヘミングさんを招いて、何回かコンサートを成功させた。二〇〇七年五月のコンサートの収益をフジコさんに差しあげようとしたら「お金はいらないから、あなたの着ているその服ちょうだい」と言われたそうだ。「これは気に入っているからダメ、その代わりフジコさんのために十着、服を作ってあげる」とさなみさんは言ったらしい。

そしてわたしのところに電話してきた。「まゆみさん、私、服のお代をもらうわけにいかない。どこか寄付するのにいい団体はない？」。わたしは即座に言った。「それなら福岡のペシャワール会に寄付するのがいいわよ。あそこはＮＧＯだけど、事務はボランティアの人たちでこなし、寄付額の九十五パーセントは現地の人を助けるために使われるから」。

また時が経って、はとこのさなみさんがまた興奮して電話をよこした。「中村哲先生がこんなに寄付をもらってそのままでは申し訳ないから、仙台に講演に行きますというの、どうしよう？」。その時、わたしは目の病気にかかっており、壇上でライトを浴びるのは無理で、頼まれた司会も挨拶も断ったが、二〇〇七年の十月二十六日、話を聞きに仙台まで出かけた。

会場は千二百人も入り、壇上にまで人がいた。打ち上げで、久方ぶりに中村さんの温顔と接した。その時も「毎日二百人もの市民が米軍の空爆で死んでいるが、日本では全く報道されない」といっておられた。懇親会には看護師さんも何人かいらして、「私も現地で先生のお手伝いをしたい」と志願した。そうすると、中村さんが「現地は女子どもが活躍できる状況ではありません」と静かにおっしゃった。イスラム教の国であり、女性は外を簡単には出歩けない。当時、現地に女性スタッフは一人ぐらいしかおられなかったと思う。

その後、スタッフだった伊藤和也さんの殉職があり、中村さんは日本人スタッフをみんな返し、単身、現地にとどまった。パキスタン北西部ペシャワールの治安悪化により、病院は地元団体に譲渡され、活動拠点はアフガニスタンのジャララバードに移された。

「緑の大地計画」がすばらしい成果を上げつつあった時に、この訃報はこたえる。福岡のペシャワール会は中村医師の意思を継いで活動を続けると声明を出した。

世の中には「国際的に活躍」というのを称揚し、日本政府も中村さんの活動を政治的に利用しようとしている。しかし、中村さんは最初にお会いしたときから、「これは止むに止まれぬ地域活動です」と言っておられたし、それが「照一隅」（一隅を照らす）という謙虚な言葉に現れているだろう。

わたしが「なぜ危険なアフガン国境に行くんですか」と聞くと、中村さんは「ほかに誰も行かないから」と答えた。彼をカリスマ化することなく、信念を曲げない生き方を、細く長く受け継いでいきたい。

わたしの病気を発見してくれた人——原田永之助

二〇〇七年、今から四年前の春、わたしは百万人に五人という珍しい自己免疫疾患原田氏病にかかった。これは全身のメラニンを自分の免疫が攻撃してしまう病気で、症状としては視力障害、耳鳴り、頭痛、めまい、白斑、白髪などである。全身症状ではあるが、特に失明する危険があり、眼科で発見されることがおおい。自覚症状としては視界が歪み、暗くなり、やがて物が見えなくなった。

網膜剥離をおこし、ぶどう膜から色素が抜けて夕焼け状眼底になるのだそうである。ベーチェット病、サルコイドーシスと並んで三大ぶどう膜炎のひとつに数えられる。治療法としてはステロイド大量投与で免疫を抑えるしかないとされる。そのステロイドによる副作用にもつらいものがあるのだが、わたしはどうにか失明を免れ、しかし今も耳鳴りや頭痛、目の奥の痛みに悩まされている。

病名の由来は、この病気を一九二六年に報告したのが原田永之助という医師だからである。他にも一九〇四年にアルフレッド・フォークト、一九二九年に小柳美三という医師が報告しており、世界ではフォークト＝コヤナギ＝ハラダ・ディジーズで通るが、日本では一般に原田氏病と呼ばれている。わたしは自分がこの病気にかかったことから、病像を明らかにした原田永之助という人物ににわかに興味を持った。

原田永之助は一八九二年に天草に生まれた。父親は裁判所の書記官であったという。熊本の旧制第五高等学校を出て一九一三年東京帝国大学医学部に入学、一七年に卒業、内科を選び、駒込病院に勤務したという。時代は異なるが、一九五四年にわたしが生まれたのはこの都立駒込病院で、父はここの歯科の医局で研究をしていた。昔は避病院といって伝染病専門病院だった。なんと不思議な縁だろう。

その後、原田が眼科に転向したのは、長崎の有名な眼科医、原万里の娘原道子と結婚したかららしい。そして東京帝国大学の医局で助手として研究中、一九二二年に学会で「両眼ノ網膜剝離ヲ伴ナフ急性脈絡膜炎ノ一例」のちに原田氏病といわれる病気について報告、二六年には雑誌で「非化膿性脈絡膜炎ノ臨床知見補遺（急性瀰漫《びまん》性脈絡膜炎ニ就テ）」と題して総合的な研究を明らかにしている。

三十代で眼科の研究の最先端にいた原田はその後、長崎で岳父の開業した原眼療院の副院長として町医者になった。そしてわたしが驚いたのは、医院が長崎の原爆で焼失していること、その翌年の十二月、自身が肺炎でなくなっていることである。満五十四歳であった。はたして原田先生は被爆して亡くなられたのか、病院が跡形もなくなったことで気を落とされたのか、それとも戦争の疲労がたまったのか、それ以外の理由か、知りたいと思った。

二〇一一年二月、佐賀での仕事の帰りに長崎へ行くことができた。まえに対馬の講演の際お世話になった県庁の小島俊郎さんに事前に連絡してあった。彼は建築畑であるが調査が得意である。わざわざ半休を取ってくれた小島さんと中央橋前で待ち合わせた。

「まず原田先生が開業していた原眼療院があったところに行ってみましょう」

それは中央橋から二つ三つ河口寄りの橋にほど近い、旧材木町二十九番地であるという。今は賑町《にぎわいまち》と名を変えている。親和銀行とパーキングのあるあたりが旧原眼療院であったと思われる。「爆心地は浦上の方なので、ここの場合、原爆というより、県庁などが燃えたことから火がこちらにも回ったのだと思われます」。県庁のあった位置は旧長崎奉行所から変わっていない。その先に江戸時代唯一の西洋への窓であった出島が広がる。

「昨日、昼休みに市の図書館でコピーをとってきたんですが」と小島さんがいうのは宿輪亮三編『長崎医人伝』（二〇〇四年、藤木博英社）。その第一番に原田永之助があげられている。「もう一つ、南熊太という著者の『原田永之助博士遺詠業績追憶』という本の上巻が県の図書館にあるらしいのですが、今日まで館が休みで、それに三冊あるうち二冊は禁帯出で予約もできないことになっていまして……」。

宿輪氏の論考には、今まで知らなかったことが記されていた。原田先生は昭和二十一年十二月に肺炎で亡くなられている。それは長女の結婚に際して仲人への礼を述べるため外出して、当時、流行中の風邪にかかり、肺炎を併発して亡くなったということである。どうやら被爆死や失意による死ではなさそうである。

もう一つ、長崎に原爆が落とされてから、原田先生は自院の焼失に呆然としながらも、新興善小学校（国民学校）の仮救護所で被爆者の治療に当ったという。「その小学校はいま市の図書館になって、かつての救護所が一部復元してあります。このすぐ先ですから行ってみましょう」。

長崎に原爆が落ちたのは一九四五年八月九日午前十一時二分、その年のうちになくなった原爆犠牲者は七万四千人とされる。救護所メモリアルでビデオをみながらメモをとっただけだが、ここで働いた元看護婦は「一列診てもどると前の列の人が亡くなっているという状態で、何もしてあげられなかった。もう痛いとかつらいとかいう力がなくなっていて、ただ喉が渇く、水をくれ、とそればかりでした」「どう消毒していいかわからず傷口にたかるウジを早く落とすだけで精一杯だった」「小さな女の子の髪の毛が毎朝ばさっと抜けて、指先も火傷で骨が見えて、お母ちゃんお母ちゃんと呼び続けて亡くなった」とも証言していた。患者だった女性は「女子挺身隊で被爆してここの二階に、ベッドなどなくてむしろを敷いて寝ていました。鼻血が止まらなくて、鼻に綿で栓をするとこんどは血がのどの方に回った」。

そんな状態のなかで、原田医師は診察をしていたと思われる。

「戦後二十一年四月、原眼療院は眼鏡橋畔の料亭の跡に診療所を開設した、とあるんですが、今の住宅地図をみるとそのあたりに原田さんという家があります」と小島さんはいう。それではと中島川沿いを歩く。ちょうど二月三日、節分の日であり、長崎ランタンフェスティバルの初日でもあり、五時になると中島川沿いに紅い灯がたくさん点《とも》った。

冬だからもう暗い。一軒一軒、表札を確かめた。原田という表札を見つけた。突然だし、とひるんだが、またというチャンスはない。当って砕けろ精神でピンポンとチャイムを鳴らす。ややあって応答があった。

「もしかして原田永之助先生の御身内ではないでしょうか。わたくし、東京から参りましたが、原田氏病を患った者で、原田先生について知りたいと思っています」

「いま、開けますので」という声ののち、階段上のドアが開いて、温厚な感じの男性が出ていらした。どうぞ、と招じ入れられ、応接間に案内された。「私が原田永之助の長男です」と言われ、意外な展開にわたしも小島さんも興奮する閑さえなかった。

「上に姉が三人おりまして、私は四番目の長男。父が亡くなったのは十歳の時なので余り覚えていないのですが」とその原田宏さんは本棚から南熊太の『原田永之助博士遺詠業績追憶』の上下二冊を出して、「どうぞ、差し上げます」と言われた。「この本、昨日から図書館で探していたんです」と小島さんは言った。しかも下巻もあるとは。

以下はこの本と原田宏さんの回想を中心とした原田永之助のポルトレである。

正直言って南氏の本は、著者本人の句や思い出話が多くはさまり、読みにくいものであった。しかしこれだけまとめてあることで、どれくらい助かったかわからない。皆が口々に原田永之助を語る。「ガンジーを連想するような、厳しいような、慈愛に満ちたような、色黒、眼鏡の九州人」（筒井徳光、東京大学三期下）。「容姿端麗な紳士」「きわめて地味な性格で、宣伝がましいことを嫌った」（古屋野宏平、長崎医大教授）。「柔和な、それでいて眼光炯々《けいけい》としているやせ型で古武士を思わせる風格」（岩隈博義、内科医）。「医師会をはじめとして町内その他、いわゆる世間との交際によく努められているご様子だった」（後藤敏郎、長崎大学長）。「いつもにこにことされた温和な人柄で、部下をかわいがり、マラリア患者をいたわられていた」（坂本正倫、フィリピン時代の部下、軍医）など、顕彰のための伝記へ寄せられたものとはいえ、原田の人柄を偲ばせるさまざまな角度からの回想ばかりである。

「父は天草に生まれて、母親を早くなくしているんです。その後大変な貧乏のなかで学校に行ったようです」と宏さん。一八九二年、というと明治二十五年生まれ。生まれたのは御領といって母スミの里、山崎家である。父の里はおなじく天草下津浦村の庄屋であった。のちに原田は句作をしており、

胡椒干す屋根赤々と村の秋

というのが、天草回想として詠まれている。

その後、父が熊本県球磨《くま》郡多良木《たらぎ》で製材業を始めたので、そこで育ち、小学校にはいった。人吉から湯前《ゆのまえ》鉄道に乗って八つ先の町で、宮崎県椎葉村にも近い山深い地である。父は漢学の素養もあり、書も巧みだったので、かたわら裁判所書記官をつとめた。

どの店も猪《しし》売る暮の山の町

幼き日通ひし道の紙漉場《すきば》
そのかみの球磨は桃源武陵の地

そのあと、天草本渡《ほんど》の叔母が経営する田中薬店の裏の二階に下宿して、県立済々黌《せいせいこう》中学天草分校に通う。

中学に進む子郡に十二人

母がはやく亡くなったためか、母方の叔母栖本カメヨ、田中ヒロを母がわりに慕っていた。頭がよく、先生より永さんに聞いた方がよくわかる、といわれた。魚釣りや泳ぎにも興じた。この学校の後輩にのちの外務大臣園田直《すなお》がいる。

天草は人あたたかに鯛の島
母方の一門揃ひ鯛の網

という句がある。外柔内剛、謹厳謙虚はおおくの永之助評だが、その中にやさしさ、おおらかさがあるのはこの天草の風光自然がもたらしたものであろうか。永之助は酒が強く、鯛が好きだったとのことである。

のちに熊本の済々黌本校に移ったころ母スミが死去。卒業して旧制第五高等学校に入学する。ラフカディオ・ハーンや夏目漱石が教えた剛直な高校で三部医科に入り、ボート部でならした。一度はボートが時化《しけ》にあって遭難、天草に流されて部員は原田の叔母たちの饗応に預かったという。成績は九番で卒業し、東京帝国大学へ進んだ。当時、十番以内は東大に進むのが普通であった。

そのころ父の事業はだんだん傾き、永之助は本郷元町の下宿で、ご飯に塩辛だけで勉学を続けたという。趣味は謡曲であった。

昼餉時学者の集《つど》ふ春御殿

これは東京大学の山上御殿のことであろう。今も山上会館として残っている。

「貧しいもので陸軍省の奨学金をもらったんですね。それで後々何度も戦争に取られた」と宏さんはいう。

この陸軍衛生部依託学生というのは、はじめから奨学金のために応募するものもあれば、徴兵に取られたが勉学を続けたいのでこの手続きをとるものもあったらしい。一九一七年、卒業して陸軍軍医となる。見習士官から二等軍医となっていた一九年、習志野（千葉）と青野原（兵庫）の俘虜収容所に勤務。第一次世界大戦で負けたドイツ人捕虜の世話をしたが、詳細はわかっていない。徳島の板東俘虜収容所などでの手厚く自由を認めた捕虜の扱いは語りぐさであるが、習志野ではどうだったのだろう〔註〕。

さらに駒込病院勤務。このときの上司は駒込ピペットの発明者、内科医二木《ふたき》謙三である。おなじころ婿がねと見込まれ、長崎の眼科医、原万里の娘道子と結婚したことにより、翌年一月眼科に転向、東京帝国大学眼科医局に戻って研究を続け、これが一九二二年十二月の原田氏病特定につながる。妻道子は新婚家庭を駒込動坂町で持ったと述べている。こ

〔註〕当時、習志野俘虜収容所にはおよそ千人のドイツ兵捕虜がいたが、徳島同様、丁重に扱われ自由が与えられていた。捕虜たちはオーケストラや劇団を結成し、映画を楽しみ、菜園をつくり、ワインやビールの醸造を行うものもあった。当時の所長は西郷隆盛の長男、西郷寅太郎大佐。一九一九年一月一日、「今年はみなさんの帰国の年になる」と訓示しようと乗馬で出勤したが、スペイン風邪によりその日のうちに亡くなった。ドイツ人捕虜も二十五人が犠牲になっている。原田医師が勤めたのは、まさにそのような時期であった。

れも驚いた。わたしは駒込動坂町三二二番地生まれである。さらに原田夫妻は田端の一軒家に移った。といっても駒込病院勤務なら、もちろん坂下の動坂町や田端に住むのはありそうなことである。

東京帝国大学の眼科教授は一八八九年から三十三年間の長きにわたって河本重次郎が務めたが一九二二年に退官、その前年、国際色盲検査表を発明した石原忍が陸軍軍医から着任、軍服を着て精力的に改革に乗り出し、高潔な人柄で学生に慕われた。

石原は一高時代ボート部選手だったことからも、原田とは気が合ったのではないか。医局では原田、秋本の二人の助手にしか給料は出ておらず、ほかは無給の研究医であった（わたしの父の時代もボイラーマンの名目で給料が出ていたと聞いた）。そこに関東大震災が起こり、食糧欠乏の中で石原は食糧委員長として患者を含め、二千人の病院の食糧を確保した。原田はときどきやってくる河本名誉教授とも原田氏病について意見を交わしていたという。一九二五年には東京市医員として本所深川病院で眼科の患者を看た。

翌二六年、原著となる論文を発表、のちに学閥競争にあった京都大学から原田氏病の名称使用に異を唱える者が現れたが、原田の師である石原忍教授が「昭和四年（一九二九）まではうちの教室でも使っていなかった」が、「原田氏病という病名が使われておれば、あえて抹殺する必要はないと思う」と反論して決着した（この経緯には異論もあることと思う。

ご教示をお願いしたい)。しかし原田は人前でこの病気の発見者であることを誇る風は生涯見せなかったようである。

このころの眼科学について書く余白がないが、原田氏病は結核菌や梅毒菌と関係があるかの如く思われていたようだ。

しかし一九二八年、原田はなぜか研究医の仕事を捨て、長崎で岳父の病院の副院長になってしまう。「勉強をするのに学資を出してもらったりして、恩に報いざるを得なかったんではないでしょうか」と息子の宏さんはいう。

翌年学位授与。十年ほど開業医として診療。患者は夜明け前から待っていて一日二百五十人も診た。その盛名か、上海航路に乗ってくる海外の患者、北支から来る患者までいた。妻道子は若いときからの座禅修行と開業の忙しさのため体を痛めたのではないか。

一九三七年夏、第二次上海事変が起こると、原田はすでに四十を越えていたが、長崎連隊区軍医として召集、足掛け三年、北支に勤務。そのとき太原《たいげん》で原田軍医中尉に会った後輩の加藤静一は、優秀な臨床医である原田を患者輸送の任務に使うとは「一体陸軍の軍医部に計画性ありや」と腹を立てた。その後、原田は帰国して熊本城内にあった陸軍教導学校で教えた。

長藷《ながいも》を掘るや敵影遠ざかり
唐辛子軒に吊して歩哨立つ

このころ、弟早苗を四十一歳の若さで失う。この弟も優秀で東京帝国大学法学部を卒業、判事任官、中国済南司法領事となっていた。

秋悲し自慢上手が一人減る
生《あ》れし子の顔さへみずて露の朝

自らは東京で生まれた恵美子、節子にくわえ、薫子、宏、万里子と五人の子に恵まれた。四女は万里の長城のちかくに原田がいた時に生まれ、こう名付けられた。召集解除となって長崎に骨を休めたのは二年に過ぎなかった。といってもその間もまた、苛烈な開業医としての業務が待っていたのだが。

「聞いた話ですが一時、東大から戻ってこないか、という話があって、それには父も相当迷ったそうです。天草の親類の所にも相談に行ったようで。結局、長崎の患者さんを置いて行くわけにはいかない。後援者や岳父の恩に背くわけにいかないと断念したようです」

懐古談のうちにもその証言はある。また長崎医大には角尾晋、影浦尚視という東京帝国大学同期の卒業生もいて親交もあったが、原田はそれを語らなかった。宏さんは母上、原道子の『眼鏡橋』なる歌集も本棚から出して見せてくださった。活水女学校で音楽を学び、長崎医学校で教えていた斎藤茂吉について歌を学んだ人である。

一九四二年十月、軍は五十一歳の原田を充員召集し、小倉病院からマニラに転院となる。ムニオスに到着。

玄海の船団冬の波高し
布袋草十里続けるマニラ湾

目覚むれば緑樹文鳥飛び交へり
サンバーギータ咲き匂ふ家主居ず

すでに往きの船の中から体調を崩し、南国の花咲き乱れる天国のような病院で原田は苦しんだが、責任感が強く、なかなか帰ると言わなかった。いよいよ最後の病院船で帰国したあと、残った部隊はルソン島で餓死寸前で終戦を迎えた。原田を責任者とする一三九兵《へい》站《たん》病院は、一歩間違うと小倉からレイテに行くところだったようである。

一九四四年九月、大阪陸軍病院、小倉陸軍病院で入院生活を送り、長崎に帰宅。生きて帰ってきたという思いは強かったであろう。

長崎の大夕立に生きかへり
萬緑の中に小暗く庵《いほり》せる

材木町の原眼療院は、奥行きが深く薄暗かったという証言がある。

「父はマラリアかなんかにかかって、小倉の病院に入院していましたが、そこから帰って長崎にいた時に原爆に遭遇しました。僕はその頃まだちっちゃくて妹と二人、足手まといだからというので、原の祖父が持っていた戸石という海沿いの別荘にほっとかれて、そのころのことはよく覚えていないんですが」

それでも原田は病をおして、原爆の罹災者を新興善特設救護病院で診察した。

疎開跡椿は折られ花侘《わび》し

ほつほつと原子の街に草萌ゆる

「ここはもともと料亭で、原爆後、空いていたのを父が買って診療を始めたのですが、避難者が入り込んでいてなかなか出て行ってくれなかった。そんななかで診療していました」

酒屋町二十番地、現在の魚の町七の二十八。避難者は料亭の銘木作りの床柱をどんどん燃やして暖を取っていたという。文化より生きることの方が先決だった。医療器具もろくにないがらんとした座敷で、正座して患者に対する原田の姿を覚えている人もいる。体調は一進一退だった。

そのころ訪ねてきた内科医秋月辰一郎は浦上の聖フランシスコ病院で被爆、救護のさなか角膜を痛め、中島川眼鏡橋の原田の医院を訪ねたところ、適切な治療でただちに治癒。そのとき原田は「柳の芽が吹くのを毎日見ていますよ。柳の芽が吹くという意味がわかります。中国には壮大な楊柳がありました。中国人は楊柳をたいせつにしますよ」といったという。

糸柳たとへがたなき芽の萌黄《もえぎ》

一九四六年暮れの十二月三十日、原田永之助逝去。原田の没後、長女恵美子の夫、徳永泰彦が原姓を継いで原病院のあとをつぎ、一族には医師がおおい。

「妹の夫が原眼療院を継いだので、それも母も旧姓の原に戻ってしまいましてね」

なぜ夫の姓を名乗らなくなったかはわからない。ここでわたしは失礼かと思って聞きたいことを我慢していた。そうしたら同行の小島さんが、いともすらりと聞いてくださったのである。

「それで宏さんは医学の道に進まれましたか」

宏さんはにっこりして、「ええ。ただし眼科じゃなくて精神科です。それに開業はしなかった」。

開業医の父が門前市をなす一日何百人もの患者を診て体をこわしたのを見ておられたせいだろうか。南氏の本によると宏氏夫人もご子息もお医者さまのようである。

子供から見たお父さまはどういうかたでしたか、と最後に問うと、宏さんは「一言でいうとスパルタ。あのころですからね。僕が妹をいじめると押し入れに閉じ込められたりして、ただただ恐いオヤジだった」とのこと。ニコニコと温厚な紳士の像がやや崩れてしまったが、妹の万里子さんは「眼科の開業医としての父は、子供を相手に時を過ごすには忙しすぎた」と言っている。原田家では、戸石の海の家での枇杷もぎだけは年中行事として欠かさなかったようである。

枇杷林暗緑にして花白し

原田家の二階から中島川沿いの祭りのランタンが紅く揺れて見えた。

翌日、今度は長崎総合科学大学の山田由香里さんと長崎大学の良順会館を訪れた。ここの医学部は以前は長崎医科大学といって、幕末の長崎医学校に発祥する、日本で一番古い医学校である。そもそも西洋医学を勉強したい者はケンペル、ツュンベリー、シーボルトなどオランダ商館医から学ぼうと長崎に来遊したのであった。

医学校を作ったのはポンペ・ファン・メーデルフォールトである。森鷗外の父静男も津和野藩の御典医であったが、ある時期、長崎でポンペに教えを乞うている。

二〇〇七年、創立百五十年を迎えたのを機に、良順会館が竣工し、学生たちも尽力して展示、記念誌の編纂を行った。開学は一八五七(安政四)年十一月十二日、長崎奉行所の西役所においてポンペが初めて系統的な西洋医学教育を開始した日である。一八六一(文久元）年、養生所・医学所が開設され松本良順が頭取、ポンペが教頭となった。会館の名前はこれを取ったものであろう。

この松本は佐倉藩順天堂の佐藤泰然の子息で、松本姓を継いだ。維新後は松本順と名前を変え、初代陸軍軍医総監となった。鷗外の父静男は息子のためを思ってか、千住の森家に松本を招いて宴を張っている。松本の墓は佐藤一族と同じ谷中墓地にある。

翌一八六二年、鷗外が生まれた年にポンペはオランダに帰国してボードウィンが着任。医学所は精得館と名を変え、二代目頭取は長与専斎であった。この人は長崎空港のあたりにあった大村藩出身である。初代衛生局長で後藤新平を見いだし、のちに東京医学校校長をつとめる。

そのような初期の歴史も興味深いが、なにより胸がいたんだのは、一九四五年八月九日、原爆が医科大学近くの浦上に落ちたため、原田と東京帝国大学同期で親交もあった内科の角尾晋教授はじめ八百九十七人もの教師、学生、看護師、職員が亡くなったことであった。午前中の授業を受けていた学生も、教えていた先生も瞬時に熱線で焼かれたという。長崎の中心となる医療施設が壊滅したため救護は困難を極めた。そのぶん、原田ら開業医たちに過重な負担もかかったことだろう。重症者のおおくは大村海軍病院へ搬送された（朝長万佐男「ポンペから150年」、『長崎新聞』二〇〇七年五月十三日付）。

長崎の原爆というと、妻を原爆で失い、自らも被爆しながら救護に当たり『この子を残して』を書いてなくなった永井隆博士が象徴的であるが、他にも幾多の医学者、医学生の命が失われたことを心に刻んでおく必要がある。そして一般市民七万四千人の犠牲者のことを忘れるわけにはいかない。

わたしは山田さんと別れて丸山を登って行った。かつて坂本龍馬らが遊んだ料亭、花月は改修中であった。その裏から唐人町のほうへ昼のランタンを見ながら歩く。

長い坂道を上り、三島屋というかつて遊郭だったという建物を過ぎて右へまがると、小島といってポンペが最初に養生所をおいた所である。いまは佐古小学校となっているが、その建物の配置も坂上からの景色もかつてポンペが描き、ベアトが写した景色によく似ているのであった。

長崎に来て、わが病像を特定してくれた原田永之助先生がますます身近となった。言挙げしないで地域医療につくした町の歯科医だった両祖父や父のことも憶い出して、心が温まった。いつか、原田先生の墓参りに天草に行きたい、と思った。

おわりに

集英社の『小説すばる』で「こぼれ落ちる記憶」という連載をしたのはもう数年も前になる。十八回の連載が終わってそのままになっていたが、南陀楼綾繁さんこと河上進さんが、これを読んで内田魯庵のように森さんの『思い出す人々』を作りましょうよ、と言ってくれた。

河上さんは有能なライター・エディターであるだけでなく、長年、谷根千の町の文化活動の同志であり、わたしをよく知る人である。そうして同じく同じ町にある素敵な出版社、羽鳥書店から出していただけるのも嬉しい。また、『小説すばる』連載時の編集者、横山勝さんには特段のお世話になった。

装丁にわたしの大好きな画家で、谷中で育ち、藝大で学び、岸田衿子さんの項にも登場する有元利夫さんの作品を使わせていただけたのも望外の喜びである。

今、いつもとは違う秋に書いている。

新しい仕事は来ないし、連載も少ない。何をしていいかわからないままに、家の中の本や資料の整理、今までの仕事が入ったパソコンの中のファイル、写真、ブログなどの整理をはじめた。ブログを読むと、お世話になったあの人この人の訃報や思い出が書いてある。

人との接触を断たれている毎日の中で、かつて出会った人とのことをなつかしく憶い出す。声も眼差しも口元の表情も背中も覚えている。あちこちに書いた追悼文や、ブログの中の憶い出をあらためて並べてみた。憶い出だけで生きられる、とも思うし、もはや向こうの方が友達が多いかも、とこの世への執着が薄れかけたりする。

わたしの記憶は今もさらさらと砂のようにこぼれ落ち続けている。

ともあれ、それを自分だけのものにするのは惜しい。そう思うのも執着であり、因果だろう。この世で見たこと、感じたこと、会った人のことを次の世代に手渡したい。文化とは記憶の継承であり、わたしはただ、上の世代と下の世代を結ぶ環（リング）に過ぎない。

二〇二〇年十月十日

森まゆみ

初出一覧

Ⅰ　こぼれ落ちる記憶

こぼれ落ちる記憶（『小説すばる』集英社、二〇一一年一月号～二〇一二年六月号）

Ⅱ　町で出会った人

木下順二さんのこと（書下ろし）
谷中で戦争を語りつぐ会（書下ろし）
弥生町の青木誠さん（書下ろし）
町の兄い 岩崎寛彌さんのこと（書下ろし）
建築史・門前の小僧――村松貞次郎ほか（書下ろし）
元倉眞琴さんのこと（書下ろし）
宇沢弘文先生の最後の言葉（『現代思想』青土社、二〇一五年三月号、原題「『新国立競技場』建設に反対して　解説」）

横浜のお兄さん北澤猛（書下ろし）
サイデンステッカー先生の不忍池（書下ろし）
解剖坂のKさん（『エデュカス』大月書店、七号、一九九五年一月）
ゆっくり知りあう――小林顕一（文藝春秋編『心に残る人びと』文春文庫、一九九六年一二月）
高田爬虫類研究所――高田栄一（「谷根千ねっと」巻頭言アーカイブス、二〇一六年七月二三日、http://www.yanesen.net/kantou_archives/2016_jul.html、原題「高田爬虫類研究所のフィルムを見る会」）
やっぱりオモシロイ平岡正明（書下ろし）
集まってきた本たち（書下ろし）
なくなってしまったお店三つ（泰平軒、鳥ぎん、蛇の目寿司）（書下ろし）
母の日によせて（『うえの』上野のれん会、二〇一七年五月号）
ヤマサキという人――山﨑範子（谷根千工房編著『ベスト・オブ・谷根千』亜紀書房、二〇〇九年二月）

Ⅲ　陰になりひなたになり

粕谷一希さんの支え（『名伯楽　粕谷一希の世界』藤原書店、二〇一五年五月、原題「粕谷さんの支え」）
鶴見俊輔さんの遺言（『現代思想　臨時増刊号　総特集　鶴見俊輔』青土社、二〇一五年一〇月、原題「鶴見俊輔さんの思い出」）
温かい手のやわらかさ――瀬戸内寂聴師（『KAWADE夢ムック　瀬戸内寂聴』河出書房新社、二〇一二

年九月）
杉浦明平さんに聞く（『新刊ニュース』トーハン、一九九八年一一月号、原題「対談　海と畑の見える部屋から」）
風太郎大人との至福の時間——山田風太郎（『Tashinami』文藝春秋、一号、二〇〇八年春）
『彷書月刊』のあの頃——田村治芳ほか（書下ろし）
すゞやかな文人——高田宏（『毎日新聞』二〇一六年一月一一日、原題「すずやかな文人　高田宏さん」）
倉本四郎の庭（『ポスト・ブックレビューの時代　倉本四郎書評集〈下〉1986-1997』右文書院、二〇一〇年四月、原題「列外の人、女性びいき」）
きっとですよ——大村彦次郎（書下ろし）
信濃追分を愛した人——近藤富枝（『追分流』NPO法人 油やプロジェクト、一号、二〇一七年夏、原題「美しいもの、信濃追分を愛した人」）
花のような人——木村由花（『yukasan　木村由花さんの思い出』株式会社新潮社 友人一同、二〇一六年二月、原題「すずやかな声の記憶」）

IV　出会うことの幸福

上を向いて歩こう——永六輔（書下ろし）
活字遊びと恋の転々——岡本文弥（うらわ美術館・岩波書店編集部編『創刊号のパノラマ　近代日本の雑

誌・岩波書店コレクションより』岩波書店、二〇〇四年九月）
吉原に愛された人——吉村平吉（書下ろし）
自主独立農民 佐藤忠吉（『クレスコ』大月書店、一三二号、二〇一二年三月）
阪神間のお嬢さま——脇田晴子（『毎日新聞』二〇一六年一〇月三一日、原題「ソプラノで辛口批評　脇田晴子さん」）
河合隼雄長官の冗談（書下ろし）
わたしの知ってる矢川澄子さん（『ユリイカ 臨時増刊号　総特集 矢川澄子』青土社、二〇〇二年一〇月、原題「わたしの知ってる矢川さん」）
黒岩比佐子さんを惜しむ（書下ろし）
旅の仕方を教わった人——紅山雪夫（書下ろし）
古い友だち 佐藤真（『日常と不在を見つめて　ドキュメンタリー映画作家　佐藤真の哲学』里山社、二〇一六年二月、原題「佐藤真のこと」）
同僚教員の村木良彦さん（書下ろし）
ゆふいん文化・記録映画祭——土本典昭ほか（書下ろし）
neoneo坐で会った萩野靖乃さん（書下ろし）
松井秀喜選手とちょっとだけ立ち話（『こころ』平凡社、一六号、二〇一三年一二月、原題「松井秀喜　平成らしくない顔」）
ジュリーのいた日々——沢田研二（『文藝春秋 SPECIAL』文藝春秋、二〇一三年春）

樹木希林さんとの接近遭遇（書下ろし）
九代目市川團十郎丈のギャラン（書下ろし）
バングラディシュのマクブールさん（書下ろし）
北上へ行ったジョン君（書下ろし）
中村哲さんのたたずまい（書下ろし）
わたしの病気を発見してくれた人——原田永之助（『月刊百科』平凡社、二〇一一年四月号、原題「原田先生のこと」）

や 行

ら 行

わ 行

人名索引

※主要登場人物に限った。市井の人は生没年を略し、太い数字は詳述のある頁を示す。

森まゆみ

1954年東京生まれ。作家。大学卒業後、PR会社、出版社を経て、1984年に仲間と地域雑誌『谷中・根津・千駄木』を創刊、2009年の終刊まで編集人を務めた。

歴史的建造物の保存活動にも取り組み、日本建築学会文化賞、サントリー地域文化賞を受賞。

『鷗外の坂』で芸術選奨文部大臣新人賞、『「即興詩人」のイタリア』でJTB紀行文学大賞、『「青鞜」の冒険』で紫式部文学賞を受賞。他の著書に『彰義隊遺聞』『暗い時代の人々』『子規の音』など。

路上のポルトレ——憶《おも》いだす人びと

2020年11月20日　初版

著者　森まゆみ

編集　南陀楼綾繁
装画　有元利夫　作品名「夜のカーテン」1980年
ブックデザイン　大西隆介（direction Q）

発行者　羽鳥和芳
発行所　株式会社 羽鳥書店
113-0022　東京都文京区千駄木1-22-30
ザ・ヒルハウス502
電話番号　03-3823-9319（編集）
03-3823-9320（営業）
ファックス　03-3823-9321
https://www.hatorishoten.co.jp/
印刷所　株式会社 精興社
製本所　牧製本印刷 株式会社

ISBN 978-4-904702-83-3　Printed in Japan

奇跡の集落やねだんを取材した日々

山縣由美子　四六判並製・208頁　2000円

行政に頼らない地域再生で注目される鹿児島県鹿屋市柳谷《やなぎだに》集落、通称やねだん。
元TVキャスターの著者が、集落の人びとを表情豊かに綴る。

女たちの声

工藤庸子　B6判上製・200頁　2400円

スタール夫人、アレント、ボーヴォワール、デュラス、コレット、ウルフに耳をそばだて、
〈言語環境〉に潜む性差の力学を問う。大江健三郎論も含む、エッセイ集。

はじまりはじまりはじまり

姜信子　四六判上製・80頁　2400円

済州島から、サハリン、台湾、八重山へ。路傍の声に耳傾け、旅人がめぐる三つの
〈はじまり〉の物語。四人の画家（山福朱実、屋敷妙子、早川純子、塩川いづみ）による挿絵。

女川一中生の句　あの日から

小野智美［編］　A6判並製・160頁　900円

二〇一一年五月と一一月に、宮城県女川第一中学校で俳句の授業が行われた。
家族、自宅、地域の仲間、故郷の景色を失った生徒たちが、指折り詠んだ五七五。